Christine Friepes
Annett Richter

Die Erörterung
11. – 13. Schuljahr

MANZ VERLAG

4. Auflage 2004
Manz Verlag
© Ernst Klett Verlag GmbH, Stuttgart 1999
Alle Rechte vorbehalten
Lektorat: Peter Süß, München
Herstellung: Karin Schmid, Baldham
Umschlaggestaltung: Werkstatt München: Weiss/Zembsch, München
Layout: Karin Schmid, Baldham
Satz: Karin Schmid, Baldham
Druck: Druckhaus Beltz, Hemsbach
Printed in Germany

ISBN 3-7863-1070-X

Wie Sie am besten mit diesem Buch arbeiten

Hier lernen Sie die verschiedenen Arten der Erörterung kennen, die ab dem 11. Schuljahr sowohl im Unterricht als auch im Hinblick auf das Abitur relevant sind.

Die Vorteile dieses Buches auf einen Blick:

✗ Es zeigt Ihnen, worauf es bei den verschiedenen Erörterungsarten ankommt.

✗ Es führt in Aufsatzbeispielen vor, wie Sie Ihre eigenen Erörterungen erfolgreich gestalten können.

✗ Es gibt Ihnen einen Fragenkatalog an die Hand, mit dessen Hilfe Sie die meisten Themen sicher bearbeiten können.

✗ Es bietet Ihnen immer wieder Zusammenfassungen über den erarbeiteten Stoff zum bequemen Nachschlagen und Wiederholen.

✗ Es bringt typische und im Unterricht erprobte Übungsthemen für Sie.

Jede Erörterungsart wird durch ein geeignetes Aufsatzbeispiel eingeführt, das von einer Schülerin oder einem Schüler der Sekundarstufe II geschrieben wurde. Dieses Muster ist in allen Arbeitsschritten komplett ausgearbeitet. Sie haben also die Möglichkeit, jeden Schritt genau nachzuvollziehen. Dabei können Sie jede Phase der Durchführung zuerst selbst vornehmen, bevor Sie die Vorschläge im Buch durcharbeiten und mit Ihren eigenen Ideen vergleichen.

Die Themen steigen im Schwierigkeitsgrad. Es geht los mit Themen, die eher zu Beginn der Sekundarstufe II gestellt werden, dann folgen anspruchsvollere, literarische Themen – bis hin zum Abitur-Niveau.

Dieses Buch können Sie während der gesamten Sekundarstufe II verwenden. Stehen Sie kurz vor einer Prüfung, so eignet es sich zur Wiederholung und Vertiefung bereits vorhandener Kenntnisse. Es genügt dann, anhand der vorgeschlagenen Vorgehensweise die einzelnen Aufgabentypen zu rekapitulieren und sich wesentliche Gesichtspunkte einzuprägen.

Wir wünschen Ihnen viel Erfolg!

Inhalt

A Die Erörterung – Fragen und Antworten

1 Was ist eine Erörterung?

Untersucht man den Begriff *erörtern* genauer, so findet man Umschreibungen wie *eingehend besprechen, diskutieren, debattieren, etwas genau erklären* oder *in Einzelheiten auseinander legen*. Die mittelhochdeutsche Wurzel *örtern* meint die Rückführung eines Sachverhalts auf seine Termini (lat. *Endpunkte*) im Sinne von *Begriffsabgrenzung*. Dies ist bis heute der Anfang einer Erörterung.

Erörtern bedeutet weiterhin, sich über den eigenen Standpunkt klar zu werden, ihn zu formulieren und dann in einen größeren Gesamtzusammenhang zu stellen. Erörterungen helfen dem Verfasser und dem Leser, einen Sachverhalt oder eine Problemstellung von allen Seiten zu beleuchten. Der Leser bekommt Hilfestellung bei dem Unternehmen, zu einer bestimmten Frage eine fundierte Position zu beziehen. Dazu muss er natürlich die Argumente verschiedener Seiten kennen. Diese soll der Verfasser einer Erörterung dem Leser vorstellen, gut begründen und mit einleuchtenden Beispielen untermauern.

> **Fassen wir zusammen**
>
> Der Sinn einer Erörterung besteht in der umfassenden und rationalen Darstellung möglichst aller Aspekte eines Problemfeldes. Ziel ist es, dem nicht informierten Leser Argumente an die Hand zu geben, damit er selbst eine gut durchdachte Stellungnahme abgeben kann.

2 Welche Formen der Erörterung gibt es?

Man unterscheidet grundsätzlich zwei Formen: dialektische und steigernde / lineare Erörterungen

In der Anfangsphase der Erörterung (meist im 9. Schuljahr) sind die Themen so formuliert, dass die Zuordnung zu der einen oder anderen Form einfach ist. Später muss man die Fragestellungen sehr genau analysieren um festzustellen, welche Form der Auseinandersetzung mit dem Thema erwartet wird. Auch wenn in der Sekundarstufe II von Problemerörterung, literarischer Erörterung und Erörterung nach Texten die Rede ist, so geht es doch immer zunächst um die Entscheidung, ob das gestellte Thema dialektisch oder steigernd / linear zu bearbeiten ist.

Einen Sonderfall stellen so genannte Zitatthemen dar. Sie können Ihnen bei jeder möglichen Form und bei jedem Erörterungstypus begegnen.

Die steigernde oder lineare Erörterung

Bei der steigernden oder linearen Erörterung geht es um die folgerichtige Darstellung eines Sachverhalts oder einer Problemstellung. Man gibt dem Leser steigernd – also nach der Wichtigkeit angeordnet – Argumente und Beispiele an die Hand. Eine kritische Abwägung von Pro und Contra ist im Hauptteil nicht verlangt, da es dem Wesen der steigernden Erörterung widerspricht.

In der Sekundarstufe II erscheint dieser Typus meist als mehrteilig-lineare Erörterung. Schauen Sie sich dazu die beiden Themenbeispiele genau an.

> **Das Autofahren belastet die Umwelt.**
> **Trotzdem schränken wir uns kaum ein.**
>
> **Stellen Sie technische und politische Möglichkeiten**
> **zur Reduzierung des Individualverkehrs dar!**
> **Gehen Sie dabei auch auf mögliche Probleme**
> **bei der praktischen Umsetzung ein!**

> **Heinrich Böll: Die verlorene Ehre der Katharina Blum**
>
> **Erarbeiten Sie die wesentlichen Charakterzüge der Hauptfigur**
> **und zeigen Sie ihren Einfluss auf den Handlungsverlauf!**

Folgende Begriffe und Aufforderungen sind für Sie wertvolle Hinweise, dass es sich um ein steigernd / linear gestelltes Thema handelt. Mehrteilig-linear ist ein Thema dann, wenn Sie mehrere Fragestellungen bearbeiten müssen.

Begriffe:
> Gründe
> Probleme
> Möglichkeiten
> Lösungsmöglichkeiten
> Erklärungen

Im literarischen Bereich: Charakter
                              Personenkonstellation
                              Handlungsverlauf

Aufforderungen: Erklären Sie ...!
                              Begründen Sie ...!
                              Untersuchen Sie ...!
                              Zeigen Sie ...!
                              Erarbeiten Sie ...!
                              Stellen Sie ... dar!

Die dialektische Erörterung

Die dialektische Erörterung verlangt die Darstellung, Gewichtung und Abwägung gegensätzlicher Argumente und Standpunkte. Man steht zunächst über allen Argumenten und versucht dem Leser beide Positionen klarzumachen. Durch die Anordnung dieser Positionen kann man aber durchaus kennzeichnen, welcher Seite man selbst zuneigt.

Schauen Sie sich dazu die beiden Themenbeispiele wieder genau an.

Immer mehr Mütter, deren Kinder noch nicht erwachsen sind, stehen im Berufsleben.

Welche Vorteile und welche Nachteile ergeben sich daraus für die Kinder?

Minna von Barnhelm – eine selbstbestimmte Frau?

Erörtern Sie den Wahrheitsgehalt dieser Aussage!

So einfach wie beim ersten Beispiel wird es selten sein. Hier wird Ihnen ja die Gliederung des Themas mundgerecht serviert.

Folgende Begriffe und Aufforderungen sind für Sie wichtige Hinweise, dass es sich um ein dialektisch gestelltes Thema handelt.

Begriffe:	Vorteile / Nachteile
	Pro / Contra
	Gründe für / gegen
	Für / Wider
	dafür / dagegen

Aufforderungen:	Diskutieren Sie …!
	Erörtern Sie …!
	Setzen Sie sich … auseinander!
	Nehmen Sie … kritisch Stellung!

Zitatthemen

Manche Erörterungsthemen sind in einem Zitat versteckt. Meist sind es berühmte Persönlichkeiten, die sich zu einem Thema geäußert haben. Viele Schülerinnen und Schüler lassen sich durch Zitatthemen abschrecken, da sie mitunter recht anspruchsvoll wirken. Deshalb an dieser Stelle einige Tipps, wie Sie Berührungsängste mit Zitatthemen abbauen können.

✗ Erstens: Äußerungen prominenter Persönlichkeiten lassen sich im Prinzip genauso gut hinterfragen und beleuchten wie die Meinung von Otto Normalverbraucher – beispielsweise kann sich die historische Perspektive oder der Wissensstand seit der Äußerung geändert haben.

✗ Zweitens ist es so, dass die Themenstellung oft gar nicht auf die Bestätigung oder Widerlegung einer prominenten Position abzielt, sondern sich des Zitats lediglich als eines interessanten Aufhängers für das eigentliche Thema bedient. Die Aufgabenstellung folgt häufig erst nach dem Zitat.

✗ Und schließlich bieten Zitatthemen oft schon durch das Zitat selbst gutes Material für die Einleitung, wenn man etwas über den Zitierten und seine Biografie zu schreiben weiß.

Zitatthemen werden sowohl bei dialektischen als auch bei linearen Erörterungen verwendet. Es ist daher besonders wichtig, dass Sie den Wortlaut der Arbeitsanweisung genau lesen. Dazu wieder zwei Themenbeispiele:

> Friedrich Schiller: Kabale und Liebe
> „Nicht an den Zuständen und Machteinflüssen zerbricht letztlich Luises Liebe, sondern wesentlich am Charakter Luises."
>
> Setzen Sie sich kritisch mit dieser Aussage des Literaturwissenschaftlers Herbert Kraft auseinander!

> „Kinder sind wie Uhren – man darf sie nicht nur aufziehen, sondern man muss sie auch gehen lassen."
> (Johann Heinrich Pestalozzi)
>
> Zeigen Sie an geeigneten Beispielen, weshalb es für die Persönlichkeitsentwicklung eines jungen Menschen wichtig ist selbstständig zu werden!

Fassen wir zusammen

Eine steigernde oder lineare Erörterung bietet Antworten auf die im Thema gestellten Fragen. Diese Antworten entsprechen den Argumenten und werden steigernd nach ihrer Überzeugungskraft angeordnet.
In der dialektischen Erörterung hingegen gilt es, zwei Seiten gegeneinander abzuwägen, wobei der Verfasser über allen Argumenten steht. Natürlich lässt sich durch geschickte Anordnung der Positionen eine Leserlenkung erreichen.

3 Welche Erörterungsformen kommen in der Sekundarstufe II vor?

Die Problemerörterung

Die Problemerörterung ist die klassische Form der Erörterung, die schon seit dem 9. Schuljahr bekannt ist. In dieser theoretischen Form der Diskussion mit sich selbst geht es darum, Sachverhalte und Probleme darzustellen sowie Lösungsansätze aufzuzeigen. Diese manchmal etwas künstlich wirkende Art der Auseinandersetzung erweitert den eigenen Horizont und schult die Fähigkeit, gegnerische Argumente vorauszusehen.

Am Anfang beschäftigt man sich in Form einer steigernden Erörterung mit Sachfragen. Später treten Entscheidungs- und Wertfragen in den Vordergrund, die in dialektischer Form behandelt werden müssen. Beispiele entnehmen Sie den vorangegangenen Ausführungen zu den Formen der Erörterung (siehe Seite 6ff.)

In der Sekundarstufe II sollen nach und nach die im 9. und 10. Schuljahr eingeübten starren Gliederungsmuster verschwinden und von stärker themenbezogenen Argumentationsstrukturen abgelöst werden. Bei den Aufsatzbeispielen in diesem Buch werden Sie unterschiedliche Möglichkeiten kennen lernen.

Die literarische Erörterung

Grundlage jeder literarischen Erörterung ist die Beherrschung der Problemerörterung, da es sich nur um eine Verlagerung der Inhalte handelt. Die Vorgehensweise ist übertragbar. Anstatt mit der uns umgebenden Realität beschäftigen wir uns mit Sachverhalten, die sich aus der Fiktionalität eines literarischen Werks ergeben. Man setzt sich also nicht mehr mit „wirklichen" Problemen auseinander, sondern mit Problemen, die sich aus der Gedankenwelt einer Autorin oder eines Autors ergeben.

Die Anforderung an Sie besteht also weniger in einer neuen Aufsatzform als vielmehr in der Beschäftigung mit einem literarischen Text. Dabei ist es noch wichtiger als bei einer Problemerörterung, vom eigenen Standpunkt zu abstrahieren. Es geht nicht darum, das Werk insofern zu „verbessern", als man eigene Lösungsmöglichkeiten zur Rettung der Hauptfigur anbietet. Die im literarischen Text aufgezeigten Lebensentwürfe und Weltanschauungen werden mit unserer Lebenswirklichkeit konfrontiert. Ziel ist neben der tiefer gehenden Beschäftigung mit der Literatur die Übertragung der dort vorgestellten Ideen in Ihre eigene Vorstellungswelt. Dort sollen diese zu Distanzierung oder Identifikation führen.

Die Texterörterung

Die Texterörterung ist eine Mischform aus Textanalyse und Erörterung. Zunächst fassen Sie den vorgelegten Textausschnitt – sei er literarisch oder ein Sachtext – zusammen und stellen die Gedankenführung dar. Anschließend geht es darum, dass Sie sich mit den im Text vorgestellten Behauptungen in Form einer Erörterung auseinandersetzen.

Während bei der literarischen Erörterung nur ein Teilaspekt des literarischen Werks beleuchtet wird, verlangt die Texterörterung sowohl die genaue Beschäftigung mit den Thesen und Argumentationsmustern des vorgelegten Textes als auch die persönliche Auseinandersetzung mit den aufgestellten Behauptungen. Die Diskussion eines Sachtextes scheint dabei die leichtere Form der Texterörterung zu sein, da meist auf aktuelle Themen Bezug genommen wird, zu denen Sie schon Zugang haben.

Bei der Texterörterung nach einem literarischen Text hingegen ist eine profunde Kenntnis des Primärtextes notwendig. Übrigens kommt es häufig vor, dass bei einer Texterörterung ein Ausschnitt aus der Sekundärliteratur über ein literarisches Werk vorgelegt wird, wobei untersucht werden soll, ob die Einschätzung des Literaturwissenschaftlers stimmig und nachvollziehbar ist oder nicht.

Leicht in den Hintergrund getreten ist die Form der Textanalyse eines literarischen Textes mit angeschlossenem Erörterungsauftrag. Dabei steht die Erschließung des literarischen Werks im Mittelpunkt. Die Erörterung führt sehr stark von der Literatur weg und stellt die angerissene Problematik in einen größeren Sachzusammenhang.

Fassen wir zusammen

Grundlegend für das Erörtern in der Sekundarstufe II sind die Techniken der Problemerörterung.
Bei der Problemerörterung geht es um reale Fragestellungen, während die literarische Erörterung fiktive Probleme behandelt – jedoch mit der gleichen Vorgehensweise.
Die Texterörterung geht einen Schritt weiter, indem sie Analysemethoden mit Erörterungstechniken verbindet.

4 Welche Vorarbeiten sind zu leisten?

Nach diesem anspruchsvollen Theorie-Kapitel ist Ihnen sicher schon bewusst geworden, dass bei einer so wichtigen und umfassenden Aufsatzart, wie es die Erörterung ist, ein genauer Plan erstellt werden muss. Dieser Plan hat den entscheidenden Vorteil, dass er auf alle in der Sekundarstufe II verlangten Erörterungsformen angewendet werden kann.
Ganz unter uns: Auch Meister des Erörterns brauchen Pläne!

Unser Plan für eine Erörterung besteht aus sechs Arbeitsschritten:

1 Erfassung des Themas

2 Sammlung und Ordnung von Ideen

3 Erstellung einer Gliederung des Hauptteils

4 Ideen für die Einleitung

5 Schlussgedanken

6 Vertextung des Hauptteils

Ergänzend dazu werden Sie in diesem Buch erfahren, wie man eine schlüssige und überzeugende Argumentation aufbaut. Selbstverständlich gibt es auch Tipps zur sprachlichen Gestaltung Ihres Textes und Hinweise zum korrekten Zitieren.

5   Wie finde ich das richtige Thema?

Die Wahl des richtigen Themas ist bereits der erste Schritt zum Erfolg. Doch was ist das richtige Thema? Manchmal lesen Sie die Themenstellung für die Hausaufgabe oder die Angaben für eine Prüfung durch und wissen sofort, welches Thema Sie bearbeiten wollen. Andererseits müssen Sie sich oft mit den zur Wahl stehenden Themen gründlich auseinandersetzen, bevor Sie sich endgültig entscheiden. Für das Schreiben einer Erörterung haben Sie normalerweise genügend Zeit – Sie können also zunächst ausführlich über die Themen nachdenken. Diese Zeit ist gut angelegt, weil Sie dadurch die Gefahr einer Themaverfehlung verringern.

Wenn Sie alle Themen gründlich durchgelesen haben, stellen Sie sich am besten folgende Fragen:

> **Wo liegen die Tücken des Themas?**
> **Welche Fallen, welche Schwierigkeiten beinhaltet es?**

✗   Manchmal ist ein Thema auf den ersten Blick ansprechend, aber man stellt beim zweiten Lesen fest, dass einzelne Begriffe unklar sind und sich dadurch größere Schwierigkeiten ergeben als erwartet.

✗   Wählen Sie also nur eindeutig gestellte Themen, bei denen Sie alles verstehen, da sonst die große Gefahr droht, nicht das zu schreiben, was das Thema verlangt. Der Griff zum Lexikon ist wahrhaftig keine Schande! Natürlich hoffen wir, dass Sie eindeutige, gut formulierte Themen bekommen, die Sie auf Anhieb verstehen.

Was weiß ich über die Probleme, die im Thema angesprochen werden?

✖ Können Sie zur These / zu den Thesen genügend Argumente und Belege finden? Das eine oder andere Thema spricht Sie vielleicht an, aber seien Sie sich selbst gegenüber ehrlich: Wenn Sie zu wenig wissen, um eine fundierte Arbeit zu verfassen, dann nehmen Sie ein anderes Thema, damit Ihre Erörterung nicht nur aus einer Aneinanderreihung von Allgemeinplätzen besteht.

✖ Manchmal ist es ganz gut, ein Thema, das Ihnen am Herzen liegt, *nicht* zu wählen. Wenn Sie emotional zu sehr in eine Problematik verstrickt sind, können Sie nicht objektiv genug darüber schreiben! Sind Sie zum Beispiel Greenpeace-Aktivist, dann sollten Sie sich darüber im Klaren sein, dass Sie für Umweltfragen zwar die nötige Sachkenntnis mitbringen, möglicherweise aber nicht den gebotenen objektiven Abstand zum Themenbereich.

B Die Erörterung – Aufsatzbeispiele

Nachdem es in Kapitel A allgemein um die Erörterung und ihre Erscheinungsformen ging, lernen Sie nun die grundsätzlichen Vorgehensweisen anhand von ausgearbeiteten Aufsatzbeispielen kennen. Dabei wird Ihnen auffallen, dass die bereits erwähnten sechs Arbeitsschritte immer eine wichtige Rolle spielen.

1 Die Problemerörterung – dialektische Form für Einsteiger

Stehen in der Anfangsphase des Erörterns oft noch lineare Themenstellungen im Vordergrund, so machen sie in der Sekundarstufe II nur noch einen geringen Prozentsatz der Problemerörterungen aus. Dies ist der Grund, warum in diesem Buch zwei dialektische Beispiele ausgewählt wurden. Den Anfang macht ein Thema für Einsteiger, das typisch für das 11. Schuljahr ist:

> „Es ist schwieriger, Vorurteile zu zertrümmern als Atome."
>
> Erörtern Sie Albert Einsteins Aussage!

 Erfassung des Themas

In der Formulierung eines jeden Themas sind bereits Hinweise enthalten, wie es bearbeitet werden muss. Um ein Thema richtig zu verstehen, müssen zunächst hervorstechende Begriffe gesucht werden. Dazu gehören die so genannten *Themabegriffe* und die Arbeitsanweisungen.

Bei unserem Beispielthema springt sofort das Nomen Vorurteile ins Auge. Zudem gibt das Verb zertrümmern schon die Argumentationsrichtung vor, während das Adjektiv schwierig eine Einschätzung darstellt. Weniger wichtig sind die *Atome*, die das Thema sensationell machen. Es geht also um eine Einschätzung der Schwierigkeiten im Kampf gegen Vorurteile.
Um das Thema in seiner Gesamtheit abzudecken, sind manchmal die so genannten *Schlüsselfragen* hilfreich: Wer? – Was? – Wann? – Wie? – Warum? – Welche?

In welcher Form die erfasste Problematik untersucht werden soll, zeigt uns die Arbeitsanweisung:

Erörtern Sie Albert Einsteins Aussage!

Anweisungen wie: Erörtern Sie …! – Stellen Sie … kritisch dar! – Finden Sie Gründe für oder gegen …! sind Indikatoren für den dialektischen Aufbau einer Erörterung.

Achtung: Manche Themensteller neigen dazu, zwischen Zitat / Aufhänger und Arbeitsanweisung einen weiteren Auftrag einzufügen, wie zum Beispiel:

Definieren Sie den Begriff …!

Das sollte Sie nicht weiter beunruhigen, denn es handelt sich um eine Serviceleistung des Themenstellers. Er erinnert Sie nur daran, dass Sie sich zunächst über die Begriffe der Themenstellung klar werden müssen. Bei der Vertextung können Sie Ihre Definition dann in die Einleitung einbauen oder an den Schluss der Einleitung stellen.

Zurück zu unserem Thema: Es geht also darum aufzuzeigen, ob die Schwierigkeiten bei der Überwindung von Vorurteilen und lieb gewordenen Denkschemata tatsächlich unüberwindlich sind oder ob es nicht doch Möglichkeiten gibt, gegen Vorurteile anzugehen. Damit haben wir dann auch schon die berühmte Themafrage gestellt.

Fassen wir zusammen

Der Themabegriff (= zentraler Begriff oder Leitbegriff) zielt auf den Kern der Problematik ab, über die geschrieben werden soll. Die Analyse des Themabegriffs ist ein nützliches Instrument zur Vermeidung einer Themaverfehlung. *Pro und Contra, Für und Wider, Vorteile und Nachteile, dafür und dagegen* weisen auf eine dialektische Aufgabenstellung hin. Halten Sie Ausschau nach Gegensatzpaaren!
Achten Sie ebenfalls auf Formulierungen wie: *Diskutieren Sie! – Erörtern Sie! – Setzen Sie sich auseinander! – Nehmen Sie kritisch Stellung!*. Sie zeigen ebenfalls, dass eine dialektische Erörterung gefordert ist.

Checkliste

☑ Thema genau durchlesen

☑ Themabegriff suchen

☑ Arbeitsanweisung verstehen

☑ Richtige Form der Erörterung wählen

☑ Themafrage formulieren

2 Sammlung und Ordnung von Ideen

Eigentlich umfasst dieser Schritt gleich zwei gedankliche Leistungen. Da Sie jedoch in der Sekundarstufe II kein blutiger Erörterungsanfänger mehr sind, fassen wir hier die Sammlung von Ideen und die Stoffordnung zu einem Punkt zusammen. Zunächst versuchen Sie die vorher formulierte Themafrage so zu beantworten, dass Sie alles aufschreiben, was Ihnen dazu einfällt.

Bei der Stoffsammlung helfen Ihnen folgende Tipps, auch wenn sie auf den ersten Blick sehr banal erscheinen. Die Erfahrung zeigt aber immer wieder, dass man Hinweise zur Methodik nicht oft genug wiederholen kann. Schön für Sie, wenn Sie die Tipps schon kennen. Dann betrachten Sie sie ganz einfach als Auffrischung:

✗ Schreiben Sie Ihre Einfälle in noch ungeordneter Form auf ein Blatt!

✗ Lassen Sie dabei einen breiten Rand für korrigierende oder zusammenfassende Bemerkungen, die Sie später hinzufügen!

✗ Vergessen Sie nicht, dass Beispiele aus Ihrem eigenen Erfahrungsbereich manchmal überzeugender sind als Allgemeinplätze – vor allem dann, wenn Ihnen harte Fakten fehlen.

Mögliche Fragestellungen zur ersten Annäherung an unser Beispielthema sind:

✗ Was sind Ihre persönlichen Erfahrungen?

✗ Was wissen Sie von Ihrem näheren Umfeld (Familie, Freunde, Mitschüler) zum Thema?

✗ Welchen Stellenwert hat das Thema in unserer Gesellschaft / in der heutigen Zeit allgemein?

✗ Welche aktuellen Bezüge lassen sich herstellen (Zeitungsartikel, Berichte im Fernsehen o. Ä.)?

Schauen wir uns die (noch ungeordneten) Ideen an, die eine Schülerin zu diesem Thema notiert hat:

> Ausländerhass
>
> Blondinenwitze / Klischees
>
> Schmelztiegel Amerika
>
> Kennenlernen fremder Kulturen durch Urlaubsreisen
>
> Globalisierung?
>
> Angst vor Neuerungen
>
> Technikgläubigkeit contra Technikfeindlichkeit
>
> Aidskranke gehören weg
>
> die Arbeitslosen liegen uns auf der Tasche
>
> Völkerverständigung

Offensichtlich sind die Gedanken der Schülerin, die das Thema bearbeitet hat, von unterschiedlicher Qualität. Deshalb sind sie zwangsläufig auf verschiedenen Sprachebenen angesiedelt – wie das eben bei einem assoziativen Vorgehen der Fall ist, bei dem man alles aufschreibt, was einem gerade zum Thema einfällt.

Diese Methode erscheint Ihnen vielleicht sehr zeitaufwendig. In einer Prüfung sollten Sie aber ökonomisch arbeiten; daher empfiehlt es sich für die Prüfungssituation, das Brainstorming möglichst früh mit der Stoffordnung zu verbinden. Sie ist die Vorstufe zur Gliederung. Es geht darum – wie der Name schon sagt – *Ordnung* in die notierten Gedanken zu bringen. Manches, was einem eingefallen ist, wird sich bei näherer Betrachtung sogar als unbrauchbar erweisen.

Letztendlich muss jeder seine eigene Arbeitsweise finden, wie aus den Gedanken eine Ordnung entsteht. Wichtig ist dabei, dass inhaltlich miteinander verwandte Punkte – so genannte *Unterbegriffe* – jeweils zu einem *Oberbegriff* zusammengefasst werden. Im 9. und 10. Schuljahr verwendet man häufig Textmarker oder Symbole zur Kennzeichnung zusammengehöriger Gedanken. Auch in der Sekundarstufe II ist es sicher nicht unter Ihrer Würde, wenn Sie auf diese altbewährten Hilfsmittel zurückgreifen.

Bei einer dialektischen Erörterung legt man am besten zwei Spalten an:

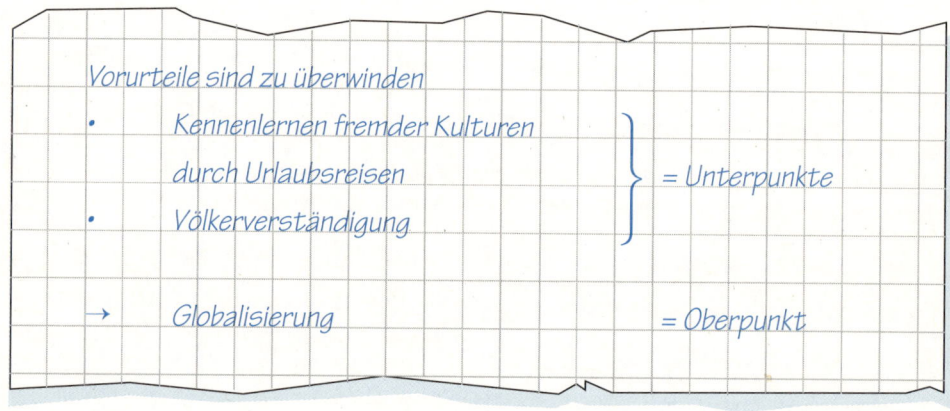

Vielleicht ist Ihnen schon aufgefallen, dass der Aspekt *Blondinenwitze* nicht sehr ergiebig ist. Wenn man den Gedanken aber umdreht und darauf hinweist, dass die Klischees von Frauen als Dummchen der Realität nicht mehr standhalten, lässt sich sehr gut ein weiterer positiver Aspekt gewinnen:

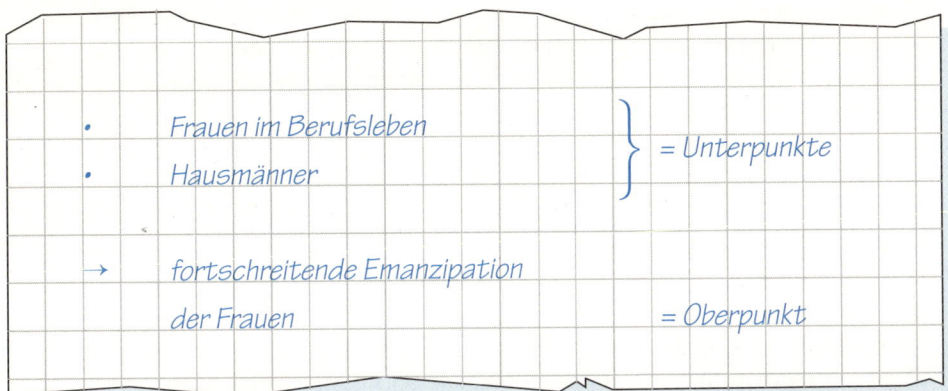

Noch eine Bemerkung zum „Umdrehen" von Argumenten: Wenn Sie sich dafür entschieden haben, ein Argument einem Block zuzuordnen, müssen Sie auf passen, dass Sie sich nicht selbst widerlegen, indem Sie den gleichen Gedanken im anderen Block noch einmal aufgreifen.

In unserem Fall bedeutet das: Argumentieren Sie mit dem Erfolg der Frauen in der Berufswelt, können Sie später nicht mehr damit kommen, dass Vorurteile gegen Frauen diese am beruflichen Fortkommen hindern. Beide Gedanken haben zwar etwas für sich und lassen sich auch durch Beispiele untermauern, widerlegen einander aber. Hier müssen Sie sich entscheiden, welcher Seite Sie das Argument zuordnen wollen.

Aus den Oberpunkten werden später die Argumente, aus den Unterpunkten die Belege

Übrigens: Nicht die Menge an Argumenten macht eine gute Erörterung aus, sondern die Qualität der Gedanken. Diese wird noch unterstrichen durch gute Formulierungen. Manchmal lohnt es sich daher, an einem schlagkräftigen Argument länger zu basteln, anstatt viele Argumente zu bringen, bei denen jedes einzelne wenig Überzeugungskraft hat (schwache, weit hergeholte Beispiele, Klischees, Binsenweisheiten).

Fassen wir zusammen

Die Stoffsammlung beinhaltet zunächst rein assoziativ alle Gedanken zum Thema. Um die Themafrage herum entsteht ein Netz von Schlagworten oder kleineren Sätzen.
Bei der Stoffordnung geht es darum, aus den gesammelten Ideen die brauchbaren herauszusortieren und übergeordnete sowie untergeordnete Gesichtspunkte zu erkennen.
Aus den übergeordneten Punkten werden später die Argumente, aus den untergeordneten die Belege.
Bei dialektischen Themen werden die Gedanken zu zwei Blöcken zusammengefasst und nach Pro / Contra geordnet.

Checkliste

☑ Ideen sammeln und notieren

☑ Inhaltlich zusammengehörige Punkte kennzeichnen

☑ Blöcke bilden

☑ Ober- und Unterpunkte finden

3 Erstellung einer Gliederung des Hauptteils

Auch wenn allgemein bekannt ist, dass viele Schülerinnen und Schüler gern auf die Gliederung verzichten würden, so lässt es sich nicht von der Hand weisen, dass sie eine Hilfe ist. Unbedingt abzuraten ist ebenfalls davor, die Gliederung erst nach dem Ausformulieren der Arbeit zu erstellen.

Was spricht also für eine Gliederung?

✘ Erstens fällt Ihnen bei der Gliederung vielleicht noch ein wichtiges Argument ein – oder Sie merken, dass ein Argument keinen Bezug zur Themafrage hat.

✘ Zweitens legen Sie in der Gliederung die Reihenfolge der Argumente fest.

✘ Drittens kommt der Gliederung die Funktion eines Schreibplans zu, durch den der nachfolgende Schreibprozess vorstrukturiert wird.

Folgende Punkte sollen Ihnen bei Ihrer Gliederung helfen: Stellen Sie bei der dialektischen Erörterung die Position an den Anfang, die Sie nicht unbedingt einnehmen. Die Position, der Sie zuneigen, stellen Sie an die zweite Stelle; das stärkste Argument wandert dabei an den Schluss.
Psychologisch gesehen ist es immer so, dass die zuletzt genannten Argumente am besten im Gedächtnis haften bleiben. Wenn sie dann noch gut sind und rhetorisch ansprechend verpackt werden, hat man schon gewonnen.

Für die Behandlung linearer Themen gilt analog: Die lineare Erörterung heißt auf Deutsch *steigernde Erörterung*. Das bedeutet, dass Sie auch hier das stärkste Argument an den Schluss stellen müssen. So bleibt es dem Leser – wie schon erwähnt – besser im Gedächtnis. Es ist dabei nicht verboten, durch geschickte Anordnung ein wenig „nachzuhelfen" oder durch gute Formulierungen zu glänzen!

Überlegen Sie also genau:

✗   Welches Argument stelle ich an den Anfang, welches an den Schluss?

✗   Über welchen Punkt weiß ich recht gut Bescheid und kann ihn deshalb zu einem starken Argument ausbauen?

✗   Zu welchen Punkten fallen mir überzeugende Beispiele ein?

✗   Habe ich einen persönlichen Bezug zu einem bestimmten Argument?

✗   Wie schaffe ich es, das Interesse des Lesers zu fesseln und wachzuhalten? Zum Teil ist das schon mit der Anordnung der Argumente zu erreichen. Natürlich müssen passende Formulierungen und gute Verknüpfungen in der Ausführung dazukommen.

Bevor wir den gesamten Hauptteil unseres Beispielthemas gliedern, noch ein paar Hinweise zu formalen Dingen einer Gliederung:

✗   Wo es 1. gibt, muss es auch 2. geben.

✗   In der Gliederung werden die einzelnen Gliederungspunkte nicht mit einem Satzendepunkt abgeschlossen.

✗   Konkrete Beispiele gehören nicht in die Gliederung. Die Gliederung gibt ja nur einen Überblick über Ihre Argumentation. Dafür genügen Thesen und Argumente.

✗   Für schwierigere Themen gilt: Nicht alle Punkte müssen auch Unterpunkte haben. Dennoch bleibt gültig: Wo es a) gibt, muss es auch b) geben.

Bei dialektischen Themen folgt am Ende der Gliederung nach der These und der Antithese die Synthese. Das ist eine Abwägung und Bewertung aller Argumente. Aber: Nicht jedes dialektische Thema lässt sich mit einer Synthese abschließen. Wenn die beiden Standpunkte unvereinbar sind oder wenn man eigentlich weitere Unterscheidungen treffen müsste, um das Thema erschöpfend zu behandeln, tritt an Stelle der Synthese eine Art Zusammenfassung.

So kann eine Gliederung für eine dialektische Erörterung aussehen:

Möglichkeit I		**Möglichkeit II**	
A Einleitung		1	Einleitung
B Hauptteil		2	Hauptteil
I. These		2.1	These
1. Argument		2.1.1	Argument
a) b) c)	} Einzelaspekte	2.1.1.1 2.1.1.2 2.1.1.3	} Einzelaspekte
2. Argument		2.1.2	Argument
a) b) c)	} Einzelaspekte	2.1.2.1 2.1.2.2 2.1.2.3	} Einzelaspekte
II. Antithese		2.2	Antithese
1. Argument		2.2.1	Argument
a) b) c)	} Einzelaspekte	2.2.1.1 2.2.1.2 2.2.1.3	} Einzelaspekte
2. Argument		2.2.2	Argument
a) b) c)	} Einzelaspekte	2.2.2.1 2.2.2.2 2.2.2.3	} Einzelaspekte
(III.	Synthese / Zusammenfassung)	(2.3	Synthese / Zusammenfassung)
C Schluss		3	Schluss

Bei der mehrteilig-linearen Erörterung werden These und Antithese durch die thematischen Blöcke ersetzt. Die Synthese fällt in diesem Fall naturgemäß weg.

Grundsätzlich ist es empfehlenswert, für alle Gliederungspunkte einheitliche Formulierungen zu wählen: entweder immer ganze Sätze oder immer nur Stichwörter.

Man spricht im zweiten Fall von *erweiterter Stichwortform* oder *Nominalstil*. Es ist die bevorzugte Form für die Sekundarstufe II, weil sie ökonomischer und übersichtlicher ist – und weil Sie sich dadurch nicht schon selbst Formulierungsideen für den Hauptteil vorwegnehmen.

So kann die Gliederung des Hauptteils für unser Beispielthema aussehen:

B   Können in unserer Gesellschaft Vorurteile nur schwer aus der Welt geräumt werden?

    I. Vorurteile können durchaus beseitigt werden

        1. Voreingenommenheit gegenüber neuen Entwicklungen gehört der Vergangenheit an
           a) technische Neuheiten
           b) medizinische Forschung

        2. Akzeptanz der Emanzipation zeigt die Möglichkeit Vorurteile auszuräumen
           a) Frauen in männertypischen Berufen
           b) Männer in frauentypischen Rollen

        3. Zunehmende Globalisierung zeugt von der Beseitigung von Vorurteilen
           a) kulturelle Annäherung der Länder
           b) fortschreitender politischer Annäherungsprozess

    II. Vorurteile können nicht leicht ausgerottet werden

        1. Voreingenommenheit gegenüber anderen Völkern ist schwer zu beseitigen
           a) Ausländerfeindlichkeit in Deutschland
           b) Rassenhass in Amerika

        2. Vorurteile gegen soziale Randgruppen sind noch immer weit verbreitet
           a) Aidskranke
           b) Arbeitslose

        3. Vorurteile gegen gesellschaftliche Randgruppen halten sich hartnäckig
           a) Homosexuelle
           b) Behinderte

    III. Einsteins Aussage bewahrheitet sich weitgehend

Fassen wir zusammen

In der Gliederung werden die geordneten Gesichtspunkte in eine steigernde Reihe gebracht. Wir unterscheiden dabei Ober- und Unterpunkte.
Eine Gliederung kann in ganzen Sätzen abgefasst werden oder in der erweiterten Stichwortform.
Eine dialektische Gliederung umfasst neben *Einleitung* und *Schluss* die beiden großen Blöcke *These* und *Antithese*. Dazu kann noch eine *Synthese* oder *Zusammenfassung* kommen.
Grundsätzlich gilt: Keine Beispiele in die Gliederung aufnehmen!

Checkliste

 Themenbezug herstellen

 Argumente anordnen von schwach nach stark

 Thematische oder dialektische Blöcke bilden

4 Ideen für die Einleitung

Wie bereits angedeutet, ist es sinnvoll, zunächst die Gliederung auszuarbeiten. Es ist nämlich viel einfacher, einen Einleitungsgedanken zu finden, wenn die Argumentationsrichtung schon festgelegt ist.

Worin besteht der Zweck einer Einleitung? – Sie soll das Interesse des Lesers wecken und ihn zum Thema hinführen.

Wie sieht eine gute Einleitung aus? – Da gibt es natürlich viele Möglichkeiten. Wir wollen einige genauer betrachten. Entscheiden Sie selbst, welcher Einstieg zum Thema passt oder welcher Ihnen besonders liegt.

Zunächst ein Beispiel für den historischen Einstieg (geschichtlicher Rückblick):

> Vorurteile gab es zu allen Zeiten und in allen Kulturen. Oft ist es so, dass Vorurteile auf Ängsten beruhen, die in der Vergangenheit durchaus ihre Berechtigung hatten, durch die Veränderung der

Lebensumstände aber heute ohne Grundlage sind.
Ein berühmtes Beispiel stellen die gegenseitigen
Ressentiments zwischen Bayern und „Preußen" dar.
Auf Grund der Machtbestrebungen des preußischen
Königshauses im letzten Jahrhundert fühlte sich
das kleinere Bayern bedroht. Heute, da wir in einer
föderalistischen Demokratie leben, sind solche
Bedenken überflüssig geworden.
Witze und dumme Bemerkungen halten sich trotz-
dem hartnäckig, obwohl sich kaum einer der histori-
schen Hintergründe bewusst ist.
Diese Art des Denkens lässt sich auf viele Lebens-
bereiche übertragen.

Eine zweite Möglichkeit ist der Einstieg über einen aktuellen Bezug:

Letzte Woche stand im „Spiegel" ein Artikel über
die Love-Parade in Berlin. In diesem Zusammenhang
kamen auch Passanten zu Wort, die einmal mehr die
üblichen Klischees über „die Jugend von heute" ver-
breiteten. Es stellte sich dabei heraus, dass keiner der
Befragten echten Kontakt zu den teilnehmenden
Jugendlichen gehabt hatte, sondern dass man nur
seiner grundsätzlichen Entrüstung über das „suspek-
te Spektakel" Ausdruck verleihen wollte.
Dieses negative Verhaltensmuster zeigt, wie wichtig
es ist, sich über Vorurteile und ihre Konsequenzen
Gedanken zu machen.

Das dritte Beispiel zeigt den Einstieg durch einen persönlichen Gedanken:

Bis letzte Woche hatte ich ein Gipsbein. Da konnte
ich mal so richtig spüren, was es heißt, behindert zu
sein und mit welchen Vorbehalten Behinderte in
unserer fitnessorientierten Gesellschaft zu kämpfen
haben.

Beim letzten Beispiel fällt sofort auf, dass ein persönlicher Einstieg dieser Art für
das fortgeschrittene Stadium des Erörterns – in dem Sie sich ja nun befinden –
nicht mehr so gut geeignet ist. Der Leser fühlt sich wenig angesprochen, weil die
ausgeführte Erfahrung nur der persönlichen Erlebniswelt des Verfassers zuzuordnen ist. Empfehlenswert ist dieser Einstieg nur, wenn wirklich etwas Wesentliches
oder eine allgemein übertragbare Erfahrung dargestellt wird.

Weitere Gestaltungsmöglichkeiten für die Einleitung:

✗   Zitate berühmter Persönlichkeiten

✗   Aktuelle Statistiken

✗   Begriffserklärungen / Definitionen

✗   Ausgehen vom Gegenteil (z. B.: „Wir sind ja noch jung, aber wenn wir einmal alt und grau sind …")

Wenn Sie ein gutes und passendes Zitat kennen, aus dem Wirtschaftsunterricht eine Statistik im Kopf haben oder gerade etwas passiert ist, was sich als aktueller Bezug zum Thema eignet, so ist das ein Glücksfall, den Sie nützen sollten. Bewährt haben sich schon oft Definitionen (falls Sie ein Lexikon zur Hand haben) oder historische Rückblicke – natürlich nur bei entsprechender Sachkenntnis, die Sie dann haben müssten!

Nehmen Sie nicht immer nur ein bestimmtes Strickmuster, da man das als Leser sofort erkennt und übel vermerkt. Außerdem sollten Sie ruhig ein wenig experimentierfreudig sein und verschiedene Einleitungsgedanken ausprobieren.

So sieht die Einleitung in der Gliederung unseres Beispielthemas aus:

A   Einleitung
        Definition: Was sind Vorurteile?

In der Gliederung umfasst der Einleitungsgedanke nur einen Satz oder einen Stichpunkt. In der Ausarbeitung wird der Gedanke dann ausgestaltet.

Beachten Sie: Es langweilt den Leser, wenn er denselben Abschnitt mehrmals lesen muss – einmal in der Gliederung und dann noch einmal in der Ausarbeitung. Bemühen Sie sich deshalb um Variation bei Ausdruck und Wortwahl, denn schließlich gilt: Variatio delectat – Abwechslung erfreut den Leser!

Die Einleitung umfasst in der Ausarbeitung mehrere Sätze. Sie stimmt selbstverständlich inhaltlich mit der Gliederung überein, ist aber ausführlicher. Das Ende der Einleitung, bisweilen zugleich Überleitung zum Hauptteil, besteht aus der Themafrage. Die Themafrage muss nicht immer als Frage formuliert sein. Auch braucht sie die Themenstellung nicht wörtlich zu wiederholen.

Vergessen Sie nicht: In der Einleitung wird noch nicht argumentiert. Achten Sie darauf, nicht schon gute Argumente aus dem Hauptteil zu verpulvern!

Schematischer Aufbau der Einleitung:

Einstieg   →   Überleitungssatz*   →   Themafrage

* kann fehlen

Der Überleitungssatz ist weglassbar. Es sind Aufsätze denkbar, in denen sich der Schreiber dafür entschieden hat, nach dem Einstieg gleich mit der Themafrage fortzufahren. Ein Überleitungssatz ist manchmal sogar störend für den Gedankenfluss. Man hat da, vor allem in der Sekundarstufe II, einige Freiheiten. Wichtig ist vor allem, dass ein Themabezug vorliegt und zum Thema hingeführt wird.

Lesen Sie jetzt, was sich eine Schülerin ausgedacht hat:

Definition

Ein Vorurteil ist „die Übernahme von Ansichten ohne ausreichende eigene Erkenntnisbemühung oder Erfahrungsbasis". So sagt es das Lexikon. Vorurteile gibt es überall im menschlichen Leben. Sie entstehen vor allem dann, wenn Menschen unterschiedlicher Hautfarbe, verschiedener Kulturen, verschiedener Gesellschaftsschichten oder unterschiedlichen Charakters aufeinander treffen. Es existieren zahlreiche Vorurteile, die als bedeutungslose Klischees betrachtet werden können, zum Beispiel die oft ins Lächerliche gezogene Voreingenommenheit der Bayern gegenüber den „Preußen" und umgekehrt. Das eigentliche Problem stellen die hartnäckigen Vorurteile dar, die sich gegen das Wesen des Menschen selbst richten. So sind beispielsweise die Ressentiments gegenüber Menschen anderer Hautfarbe, die bekanntlich schon in der Vergangenheit des Öfteren zu schweren Konflikten geführt haben, immer noch ernst zu nehmende Gefahren.

Überleitung

„Es ist schwieriger, Vorurteile zu zertrümmern als Atome". Auch Einstein erkannte zu seiner Zeit die Bedrohung, die von Vorurteilen ausgeht. Er schien aber auch um die Schwierigkeit zu wissen, diese aus der Welt zu schaffen.

Themafrage

Ob es für unsere Gesellschaft wirklich sehr schwer ist Vorurteile auszurotten oder ob sie doch in der Lage ist, gegen Voreingenommenheit – wenigstens in manchen Bereichen – erfolgreich anzukämpfen, soll im Folgenden erörtert werden.

Jedem Leser ist klar, dass der erste Satz der Einleitung wohl nur zu Hause mit Hilfe eines Lexikons entstehen kann. Lässt man ihn weg, so ist der Rest der Einleitung auch in einer Prüfungssituation machbar. Wichtig ist dabei die getroffene Unterscheidung zwischen harmlosen Klischees und wirklich problematischen – weil diskriminierenden – Vorurteilen. Durch die Wiederholung des Zitats entsteht eine Überleitung, die direkt zur Themafrage hinführt.

Fassen wir zusammen

Die Einleitung weckt das Interesse des Lesers. Sie ist die „Perle" des Aufsatzes, wie manche meinen. Die ausgeführte Einleitung sollte knapp und klar sein sowie am Ende eindeutig die Themafrage aufgreifen, auf die sie gedanklich und sprachlich hinführt.

Checkliste

- Art des Einstiegs wählen
- Schema beachten
- Einleitung entwerfen und überarbeiten

5 Schlussgedanken

Ein guter Schluss beinhaltet keine neuen Argumente mehr, sondern fasst zusammen und führt über das Thema hinaus. Er rundet also den Aufsatz ab. Da eine Erörterung insgesamt als etwas Organisches, Gewachsenes gesehen werden kann, ist der Schluss nichts, was vom restlichen Aufsatz abgelöst ist oder was Sie sich erst ausdenken müssen. Der Schluss ergibt sich logisch aus dem Hauptteil, ist also zunächst das Ergebnis Ihrer Überlegungen, die Sie im Hauptteil angestellt haben. Das genügt aber noch nicht, denn dann wäre der Schluss kein echtes Gegengewicht zur Einleitung. Erst durch einen weiterführenden Gedanken ist der Aufsatz wieder im Gleichgewicht.

In der Gliederung erhält der Schluss die gleiche Form wie die Einleitung. Denn es soll so sein, dass Einleitung und Schluss Ihrer Arbeit einen Rahmen bilden.

Deshalb kann der Schluss

✗   an die Einleitung anknüpfen,

✗   eine Anregung bringen,

✗   das Problem erweitern,

✗   einen Ausblick in die Zukunft geben,

✗   eine persönliche Stellungnahme / persönliche Wünsche enthalten.

So sieht der Schluss in der Gliederung unseres Beispielthemas aus:

C   Schluss
     Jeder sollte an seinen Vorurteilen arbeiten

Eine Schülerin appelliert im folgenden Beispiel an ihre Zeitgenossen, dass sie
Vorurteile abbauen sollen. Sie entwirft dabei die Utopie einer besseren Welt.
Dieser Schluss ist deswegen sehr knapp, weil eine ausführliche Würdigung des
Themas schon in der Synthese stattgefunden hat:

> Trotzdem sollte sich jeder Einzelne von uns mit dieser
> Erkenntnis nicht zufrieden geben, sondern immer
> wieder die eigenen Einstellungen und Verhaltens-
> weisen überprüfen. Nur durch diese Selbstkontrolle
> kann ein harmonisches Miteinander in einer Welt,
> die dann weniger von Vorurteilen geprägt wäre,
> erreicht werden.

Fassen wir zusammen

Im Schlussteil verabschieden Sie sich vom Leser, indem Sie das Thema wieder
in die Ferne rücken. Das Denkergebnis vom Hauptteil wird in einen größeren
Zusammenhang gestellt – Sie gewinnen also wieder einen kritischen Abstand
zur diskutierten Problematik.

Checkliste

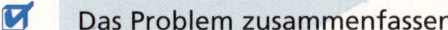

☑ Das Problem zusammenfassen

☑ Eventuell persönliche Meinung äußern

☑ Distanz zum Thema gewinnen

6 Vertextung des Hauptteils

Sind Sie mit Gliederung, Einleitung und Schluss fertig, gehen Sie daran, den Hauptteil der Gliederung in ganze Sätze zu bringen und jeden Gesichtspunkt auszuarbeiten.

Gehen Sie dabei nach folgendem Schema vor:

✗ Ausformulierung des Arguments

✗ Darstellung der allgemeinen Richtigkeit der Arguments (= Begründung / Beleg)

✗ Anwendung der Begründung auf einen speziellen Fall (= Beispiel)

✗ Herstellung des Themabezugs

Erfahrungsgemäß ergeben sich dabei meist zwei Schwierigkeiten:

✗ Wie führe ich die einzelnen Argumente so aus, dass sich eine überzeugende Argumentationskette ergibt?
Siehe hierzu *Exkurs I*, Seite 49.

✗ Wie schaffe ich einen gedanklichen Zusammenhang zwischen den einzelnen Argumenten, sodass ein Gesamtkonzept ersichtlich wird?
Siehe hierzu *Exkurs II*, Seite 53.

Lesen Sie jetzt ein ausgearbeitetes Argument aus unserem Beispielthema:

Dennoch darf man nicht übersehen, dass es wesentliche Bereiche unseres Zusammenlebens gibt, in denen sich noch viele Vorurteile halten.
Als Erstes ist hier der Umgang mit Fremden zu nennen, der deutlich zeigt, wie schwierig es sein kann, vorgefasste Meinungen zu überwinden. Betrachtet man den Hass und die Gewalt gegen Ausländer in Deutschland, so sieht man, dass wir noch lange nicht bei einem vollen gegenseitigen Verständnis angelangt sind. Aufklärungskampagnen von Staat und Kirche oder Veranstaltungen wie Lichterketten und Demonstrationen sind da nur ein Tropfen auf den heißen Stein. Es wurde schon oft versucht, gegen Vorurteile wie „alle Zigeuner sind Diebe" oder „Türken nehmen den Deutschen die Arbeitsplätze weg" anzukämpfen, doch vor allem die jungen, in Gruppen organisierten Rechtsradikalen konnte man damit wenig beeindrucken. Hier ein Beispiel dafür, wie gut sich falsche Einschätzungen halten: Es herrscht noch immer die weit verbreitete Meinung, Deutschland werde von Asylbewerbern überflutet. Dabei machen sie nur zirka 0,2 Prozent der Bevölkerung aus – und lediglich einer von hundert Antragstellern erhält eine Aufenthaltsgenehmigung. Es fällt also auf, dass manche Vorurteile trotz intensiver Bemühungen und umfassender Informationen nicht ausgerottet werden können.

These	In wesentlichen Bereichen unseres Zusammenlebens halten sich Vorurteile.
Argument	Dafür spricht unser Umgang mit Fremden.
Beleg	Aufklärungskampagnen richten wenig aus gegen Hass und Gewalt gegenüber Ausländern.
Beispiel	Völlig falsche Einschätzung der Asylbewerberzahlen.

Wie ausführlich ein bestimmter Gliederungspunkt ausgearbeitet wird, ob man eventuell – wie die Schülerin in unserem Fall – mehrere Belege oder Beispiele bringt, richtet sich danach, wie wichtig der Punkt ist. Manchmal genügt es, auf eine allgemeine Übereinstimmung, den „Commonsense", zu bauen.

Formulierungen wie: *wie allgemein bekannt ist, wie wir alle wissen, wie jedem sofort einleuchtet* weisen auf so einen Fall hin. Konkreten Beispielen ist jedoch immer der Vorzug zu geben. Dies soll aber nicht heißen, dass Sie pausenlos die Verwandtschaft als Gewährsleute auffahren sollen – nach dem Motto: „Auch mein Schwager wurde neulich Opfer …".

Denken Sie daran: Eine gut nachvollziehbare Argumentation, die verständlich geschrieben ist, hat die besten Chancen, den Leser zu überzeugen.

Nun fehlt noch die Anbindung an das Thema. Handeln Sie dabei nicht Argument für Argument ab, sondern achten Sie auf ein fließendes Textganzes. Dazu gehören Übergänge, aber auch der immer wiederkehrende Bezug zur Themafrage.

Das kann zum Beispiel so aussehen:

> Es fällt also auf, dass manche Vorurteile trotz intensiver Bemühungen und umfassender Informationen nicht ausgerottet werden können. Ein ähnliches Problem stellen die nicht enden wollenden Rassenkonflikte in den USA dar.

Mit dem ersten Satz wird das erste Argument abgeschlossen, gleichzeitig aber auch die Anknüpfung an das nächste Argument – die Rassenkonflikte in USA – ermöglicht. Außerdem wird der Blick wieder auf die Themafrage (Vorurteile) gelenkt.

Kommen wir nun noch zur Synthese als Abschluss des Hauptteils.
Unsere Beispielgliederung enthält die vier großen Hauptpunkte *Einleitung, Pro und Contra, Synthese* und *Schluss*. Die Synthese ist die Zusammenführung der gegensätzlichen Positionen *Pro* und *Contra*. Beide werden in aller Kürze gedanklich erwogen – Sie neigen darin einer Seite zu. Es geht dabei nicht darum, dass Sie die Argumente noch einmal darstellen; der Leser kennt sie ja schon. Sie tippen sie nur erneut an und stellen sie in Kurzform einander gegenüber. Sie können ebenfalls die beiden schlagkräftigsten Aspekte herauspicken und dann eine Verbindung herstellen.

Vorsicht: Synthesen sind nicht bei jedem Thema sinnvoll. Überlegen Sie also genau, ob man zu einer Übereinkunft kommen kann!

Beachten Sie ferner: Die Synthese ist nicht der Schluss der Arbeit, sondern der Abschluss der Argumentation. Wie wir gesehen haben, führt der Schluss ja vom Thema weg. Dieses Missverständnis tritt auf, weil im 9. / 10. Schuljahr oft eine Abwägung der Argumente als Schluss empfohlen wird. Dies entspricht aber eigentlich nicht dem klassischen Aufbau einer Argumentation.

So sieht eine mögliche Synthese bei unserem Beispielthema aus:

Zusammenfassend lässt sich sagen, dass es für uns heutzutage wirklich nicht leicht ist Vorurteile auszumerzen. In einigen Bereichen wurden unbestritten schon Fortschritte erzielt. Hier ist vor allem die Emanzipation der Frau zu nennen. Doch darf man nicht vergessen, dass gerade die Gleichstellung der Frauen kein einfacher Vorgang war. Es waren vielmehr die intensiven Bemühungen der Frauen selbst, die nach jahrelangem Kampf endlich Erfolge zeigten. Deutlich wird die Schwierigkeit Vorurteile auszuräumen vor allem am Verhalten gegenüber Randgruppen. Seien es Aidskranke, Homosexuelle oder Behinderte – bis heute ist es für die Gesellschaft schwer, von Vorurteilen Abstand zu nehmen und diese Menschen zu integrieren. Zwar muss man zugeben, dass die Einstellung zur Homosexualität schon liberaler geworden ist; besonders in Großstädten wurden in dieser Richtung wichtige Fortschritte erzielt, da dort die Menschen an unterschiedliche Lebensformen eher gewöhnt sind. Doch nicht zuletzt die von vielen Menschen noch immer gezeigte ablehnende Haltung gegenüber Ausländern beweist, dass es außerordentlich schwer ist, festgefahrene Meinungen aufzuweichen.
„Es ist schwieriger, Vorurteile zu zertrümmern als Atome". Diese Aussage von Albert Einstein erweist sich also auch in unserer Zeit als wahr.

Diese Zusammenfassung der Argumente ist natürlich sehr ausführlich;
deutlich kann man aber die Beantwortung der Themafrage am Ende der Synthese
erkennen:

> „Es ist schwieriger, Vorurteile zu zertrümmern als
> Atome". Diese Aussage von Albert Einstein erweist
> sich also auch in unserer Zeit als wahr.

Fassen wir zusammen

Bei der Vertextung formulieren Sie bei jedem Gliederungspunkt ein Argument
aus. Dazu bringen Sie einen Beleg für die allgemeine Richtigkeit und eine
spezielle Anwendung in Form eines Beispiels. Danach stellen Sie den Themabezug wieder her.
Zu jeder dialektischen Erörterung gehört eine Zusammenfassung und – sofern
möglich – eine Abwägung (Synthese).

Checkliste

☑ Gliederungspunkte ausformulieren

☑ Geeignete Beispiele finden

☑ Den Text durch Überleitungen vernetzen

☑ Wenn möglich: Synthese finden

Aufsatzbeispiel

„Es ist schwieriger, Vorurteile zu zertrümmern als Atome."
Erörtern Sie Albert Einsteins Aussage!

Gliederung

A   Einleitung
Definition: Was sind Vorurteile?

B   Können in unserer Gesellschaft Vorurteile nur schwer
aus der Welt geräumt werden?

I. Vorurteile können durchaus beseitigt werden

1. Voreingenommenheit gegenüber neuen Entwicklungen
gehört der Vergangenheit an
a) technische Neuheiten
b) medizinische Forschung

2. Akzeptanz der Emanzipation zeigt die Möglichkeit
Vorurteile auszuräumen
a) Frauen in männertypischen Berufen
b) Männer in frauentypischen Rollen

3. Zunehmende Globalisierung zeugt von der Beseitigung
von Vorurteilen
a) kulturelle Annäherung der Länder
b) fortschreitender politischer Annäherungsprozess

II. Vorurteile können nicht leicht ausgerottet werden

1. Voreingenommenheit gegenüber anderen Völkern
ist schwer zu beseitigen
a) Ausländerfeindlichkeit in Deutschland
b) Rassenhass in Amerika

2. Vorurteile gegen soziale Randgruppen sind noch immer
weit verbreitet
a) Aidskranke
b) Arbeitslose

3. Vorurteile gegen gesellschaftliche Randgruppen
   halten sich hartnäckig
   a) Homosexuelle
   b) Behinderte

III. Einsteins Aussage bewahrheitet sich weitgehend

C   Schluss
     Jeder sollte an seinen Vorurteilen arbeiten

Ausführung

Definition

Ein Vorurteil ist „die Übernahme von Ansichten ohne ausreichende eigene Erkenntnisbemühung oder Erfahrungsbasis". So sagt es das Lexikon. Vorurteile gibt es überall im menschlichen Leben. Sie entstehen vor allem dann, wenn Menschen unterschiedlicher Hautfarbe, verschiedener Kulturen, verschiedener Gesellschaftsschichten oder unterschiedlichen Charakters aufeinander treffen.

Erläuterung

Es existieren zahlreiche Vorurteile, die als bedeutungslose Klischees betrachtet werden können, zum Beispiel die oft ins Lächerliche gezogene Voreingenommenheit der Bayern gegenüber den „Preußen" und umgekehrt. Das eigentliche Problem stellen die hartnäckigen Vorurteile dar, die sich gegen das Wesen des Menschen selbst richten.

Aktualisierung

So sind beispielsweise die Ressentiments gegenüber Menschen anderer Hautfarbe, die bekanntlich schon in der Vergangenheit des Öfteren zu schweren Konflikten geführt haben, immer noch ernst zu nehmende Gefahren.

Überleitung

„Es ist schwieriger, Vorurteile zu zertrümmern als Atome". Auch Einstein erkannte zu seiner Zeit die Bedrohung, die von Vorurteilen ausgeht. Er schien aber auch um die Schwierigkeit zu wissen, diese aus der Welt zu schaffen.

Themafrage

Ob es für unsere Gesellschaft wirklich sehr schwer ist Vorurteile auszurotten oder ob sie doch in der Lage ist, gegen Voreingenommenheit – wenigstens in manchen Bereichen – erfolgreich anzukämpfen, soll im Folgenden erörtert werden.

These

Ein erster Beleg dafür, dass unsere Gesellschaft durchaus in der Lage ist Vorurteile auszurotten, ist die Art und Weise, wie heutzutage neue Entwicklungen aufgenommen werden.

Argument / Beleg

Besonders gut kann man dies im Bereich Technik sehen. Früher standen die Menschen neuen Erfindungen meist äußerst skeptisch gegenüber; sie waren von der Ansicht geprägt, Neues könne mit dem Altbewährten nicht mithalten oder Handarbeit sei solider als von Maschinen Gefertigtes.
Heute haben die meisten erkannt, dass sie neuen Produkten vertrauen können, da auch maschinell Gefertigtes hohen Qualitätsansprüchen genügt. Daher stehen sie ihnen jetzt meist vorurteilslos gegenüber.

Beispiel

Vor nicht allzu langer Zeit wollten viele Firmen die Arbeitsabläufe nicht durch Computer erleichtern, man schimpfte auf „dieses neue Zeug". Mittlerweile ist moderne Verwaltung, selbst in kleinen Handwerksbetrieben, ohne Computer kaum mehr denkbar. Sogar in Privathaushalten stehen heute PCs, was zeigt, dass die Menschen es geschafft haben, ihre Vorbehalte gegenüber dieser Entwicklung auszuräumen.

Argument

Die Aufgeschlossenheit der Menschen gegenüber neuen Ergebnissen der Wissenschaft zeigt, dass unsere Gesellschaft Vorurteile abbauen kann.

Beleg

Die medizinische Forschung war früher von Vorbehalten besonders betroffen. Die meisten Menschen vertrauten lieber ihren Hausmitteln als der Schulmedizin. Die Meinung, zum Doktor gehe man nur im äußersten Notfall, war weit verbreitet. Heute, nachdem man erkannt hat, dass durch den Fortschritt der Medizin immer mehr Menschenleben gerettet oder verlängert werden können, steht man der medizinischen Forschung offener gegenüber. Man sieht sie vielmehr als Gewinn für die Menschheit.

Beispiel	Die Anti-Baby-Pille soll als Beispiel dienen. In den 60er Jahren, als sie erstmals auf den Markt kam, lehnten viele Frauen dieses neue Medikament wegen gesundheitlicher und vor allem ethischer Vorbehalte ab. Doch inzwischen haben die meisten Frauen die Pille als das sicherste und zuverlässigste Verhütungsmittel akzeptiert.
Themaanbindung	Dieser Bereich der Naturwissenschaften ist somit ebenfalls ein Beleg dafür, dass unsere Gesellschaft durchaus in der Lage ist Vorurteile abzubauen.
Argument	Die Entwicklung, dass die Frau in unserer Gesellschaft immer mehr dem Mann gleichgestellt wird, ist ein weiterer Beweis für die Möglichkeit, festgefahrene Strukturen zu ändern. Besonders in der von Männern beherrschten Politik und in der Berufswelt allgemein konnten Vorurteile dank der Emanzipationsbewegung abgebaut werden.
Beleg / Gegenüberstellung	Früher dachte man, die Frau habe nicht genug Intelligenz und Durchsetzungsvermögen, um die von Männern besetzten Spitzenpositionen zu erobern. Die Frau wurde als das „schwache Geschlecht" bezeichnet. Heute hingegen weiß man, dass die Frau ebenso Höchstleistungen im Beruf erzielen kann – und man bringt ihr mehr Achtung und Respekt entgegen.
Beispiel	Erfolgreiche Frauen in der Wirtschaft und bekannte Politikerinnen stehen für diese Entwicklung. Politische Angelegenheiten, so war die verbreitete Meinung, seien Männersache; Frauen würden sich zu wenig mit Finanzen, Wirtschaft und Recht auskennen. Bis heute konnten die Vorurteile vieler Männer und Frauen weitgehend abgebaut werden und man weiß, dass auch Frauen die Fähigkeit besitzen, Partei- und Regierungsaufgaben – nicht nur als Familienministerin – mit Erfolg zu meistern.
Themaanbindung	Mit Beharrlichkeit und Klugheit, wie sie die Frauen jahrzehntelang gezeigt haben, kann man demnach auch auf diesem Gebiet etwas erreichen.
Beispiel	Durch die Emanzipation wurden außerdem Rollenmodelle, die Jahrhunderte Bestand hatten, in Frage gestellt. Früher teilten viele die Meinung, nur die

● ●

	Frau sei für den Haushalt und die Kindererziehung zuständig. Doch die Frau hat sich, wenn auch erst spät, gegen dieses Klischee gesträubt und gezeigt, dass eine Familie genauso gut funktionieren kann, wenn man die Rollen tauscht und der Mann sich um Haushalt und Nachwuchs kümmert. Die Möglichkeit, dass Väter den Erziehungsurlaub wahrnehmen können, spricht für diesen Trend. So mussten selbst Konservative die Existenzberechtigung der neuen
Themaanbindung	Familienform anerkennen – ein Vorurteil weniger.
Argument	Dass man verkrustete Denkmuster durchaus aus der Welt schaffen kann, lässt sich am besten anhand der zunehmenden Globalisierung feststellen.
Beleg / Gegenüberstellung	Zunächst einmal zeigt sich das im Bereich der Kultur. Früher waren viele Menschen der Meinung, die verschiedenen Kulturen der Welt ließen sich nicht miteinander vereinbaren, sie seien einfach zu unterschiedlich. Man war voreingenommen gegen fremde Bräuche, ohne sie überhaupt richtig zu kennen.
Beispiel	Inzwischen ist die Einsicht – nicht zuletzt bedingt durch den Tourismus – weit verbreitet, dass fremde Kulturen und Sitten ihren Reiz haben und dass es sich lohnt, sich näher mit ihnen zu beschäftigen. So ist es heute sogar möglich, dass Angehörige verschiedener Religionen heiraten, auch wenn große Differenzen in der gesamten Lebensführung überwunden werden müssen.
Themaanbindung	Dieses und weitere Beispiele lassen erkennen, dass wir durchaus lernfähig sind, Vorurteile erkennen und sie aus der Welt räumen können.
Argument	Unter diesem Aspekt lässt sich ebenso die Weltpolitik betrachten.
Beleg / Gegenüberstellung	Seit einigen Jahren nähern sich die alten Machtblöcke einander kontinuierlich an, weil Feindbilder abgelegt wurden. Früher machte der Kalte Krieg die Kommunikation zwischen Ost und West nahezu unmöglich. Die von Politikern oft vertretene Meinung, die jeweils andere Ideologie gefährde den Frieden und das eigene Volk müsse sie deswegen ablehnen, verhinderte lange Zeit eine sinnvolle Zusammenarbeit der Völker.

● ●

Beispiel

Heute jedoch haben die Politiker erkannt, dass es sich bei ihren früheren Ansichten über politisch anders organisierte Staaten um eindeutige Vorurteile handelt. Ein gutes Beispiel hierfür ist die zunehmende Verständigung und Kooperation zwischen der GUS und den USA. Beide haben es geschafft ihre Ressentiments abzubauen und gehen sowohl wirtschaftlich als auch politisch immer öfter gemeinsame Wege.

Themaanbindung

In diesem Fall haben sogar hohe Politiker – man denke nur an Gorbatschow – gezeigt, dass sich Vorurteile durch Gesprächsbereitschaft und gegenseitiges Verständnis ausräumen lassen.

Überleitung

Diese drei Bereiche sind überzeugende Beispiele dafür, dass die Welt nicht zwangsläufig mit Vorurteilen leben muss, sondern dass die Menschen durchaus fähig sind, erfolgreich gegen lieb gewordene Denkmuster anzukämpfen.

Antithese

Dennoch darf man nicht übersehen, dass es wesentliche Bereiche unseres Zusammenlebens gibt, in denen sich noch viele Vorurteile halten.

Argument

Als Erstes ist hier der Umgang mit Fremden zu nennen, der deutlich zeigt, wie schwierig es sein kann, vorgefasste Meinungen zu überwinden.

Beleg

Betrachtet man den Hass und die Gewalt gegen Ausländer in Deutschland, so sieht man, dass wir noch lange nicht bei einem vollen gegenseitigen Verständnis angelangt sind. Aufklärungskampagnen von Staat und Kirche oder Veranstaltungen wie Lichterketten und Demonstrationen sind da nur ein Tropfen auf den heißen Stein. Es wurde schon oft versucht, gegen Vorurteile wie „alle Zigeuner sind Diebe" oder „Türken nehmen den Deutschen die Arbeitsplätze weg" anzukämpfen, doch vor allem die jungen, in Gruppen organisierten Rechtsradikalen konnte man damit wenig beeindrucken.

Beispiel

Hier ein Beispiel dafür, wie gut sich falsche Einschätzungen halten: Es herrscht noch immer die weit verbreitete Meinung, Deutschland werde von Asylbewerbern überflutet. Dabei machen sie nur zirka 0,2 Prozent der Bevölkerung aus – und lediglich einer von hundert Antragstellern erhält eine Aufenthaltsgenehmigung.

Themaanbindung	Es fällt also auf, dass manche Vorurteile trotz intensiver Bemühungen und umfassender Informationen nicht ausgerottet werden können.
Argument	Ein ähnliches Problem stellen die nicht enden wollenden Rassenkonflikte in den USA dar.
Beleg	Obwohl auf dem Papier die Gleichberechtigung von Schwarzen und Weißen schon längst beschlossene Sache ist, ist die Realität immer noch von Vorurteilen geprägt. Für viele Weiße sind Schwarze einfach Menschen zweiter Klasse. Die Meinungen der Schwarzen sind kaum stichhaltiger. Sie gehen häufig davon aus, dass alle ihre Probleme auf die Benachteiligung durch die Weißen zurückzuführen seien. Keine Seite lässt sich von ihren vorgefertigten Meinungen abbringen und erkennt, dass Zusammenarbeit mehr bewirken würde als Hass und Gewalt.
Beispiel	Dies zeigt sich daran, dass viele Weiße es immer noch vorziehen, ihre Kinder in eigenen Schulen unterrichten zu lassen. Dabei hätten gerade Kinder die Chance, durch tägliches Zusammentreffen vorgefasste Meinungen zu überwinden.
Themaanbindung	Das Beispiel Amerika zeigt, dass diese Klischees viele Jahrzehnte halten können.
Argument	Ein weiteres gewichtiges Argument, das unterstreicht, wie schwer es ist, Vorurteile aus der Welt zu schaffen, ist das momentane Verhalten vieler Leute gegenüber sozialen Randgruppen.
Beleg / Gegenüberstellung	Dies zeigt sich vor allem bei Aidskranken. Obwohl die Krankheit mittlerweile seit fast zwanzig Jahren bekannt ist und die Übertragungswege des HIV-Virus erforscht sind, scheuen sich immer noch viele Menschen davor, mit Aidskranken in Kontakt zu treten. Verursacht werden diese Berührungsängste hauptsächlich durch falsche Vorstellungen von dieser Krankheit. Den Infizierten wird oft unterstellt, sie hätten ihr Leben wissentlich oder absichtlich aufs Spiel gesetzt und seien deshalb an ihrem Schicksal selbst schuld. Ihnen wird nachgesagt, sie hätten ein unkontrolliertes und ungehemmtes Sexualleben genossen. Auch hier gab und gibt es zahlreiche

Aufklärungskampagnen, die zeigen wollen, dass HIV-Infizierte in die Gesellschaft integriert werden könnten, ohne dass Ansteckungsgefahr bestünde. Die Aidskranken selbst versuchen durch Initiativen und Aktionen die bestehenden Vorurteile auszurotten. Trotzdem bleiben viele Menschen bei der Ansicht, Aidskranke müssten isoliert leben.

Beispiel

Ein Beispiel hierfür ist die häufig zu beobachtende Verleugnung eines HIV-Infizierten in der Familie. Die Angehörigen schaffen es nicht, ihre Vorurteile in Bezug auf eine mögliche Ansteckung abzubauen oder haben einfach Angst vor gesellschaftlicher Ächtung.

Themaanbindung

An dieser Stelle lässt sich ganz deutlich der Zusammenhang von irrationalen Ängsten und der Entstehung von Vorurteilen erkennen.

Argument

Mit ähnlichen Vorbehalten hat eine ganz andere soziale Randgruppe zu kämpfen, nämlich die Arbeitslosen.

Beleg / Gegenüberstellung

Viele Leute sind der Ansicht, dass Arbeitslose zu faul zum Arbeiten seien, dass sie den Sozialstaat ausbeuten und ohne Arbeit ein angenehmes Leben genießen wollten. Obwohl man durch Firmenschließung und Stellenabbau unverschuldet in Arbeitslosigkeit geraten und erst nach Überwindung zahlreicher bürokratischer Hürden Arbeitslosengeld in Anspruch nehmen kann, glauben immer noch viele, den Arbeitslosen und Sozialhilfeempfängern die Schuld an der schlechten Finanzlage des Staates geben zu können. Diese Vorurteile können sich vor allem auch deshalb so hartnäckig halten, weil kein Interesse daran besteht, das Image der Arbeitslosen aufzupolieren. Dazu kommt, dass jeder Arbeitnehmer selbst befürchtet seine Stelle zu verlieren und daher mit dem Thema Arbeitslosigkeit nichts zu tun haben will.

Beispiel

Gerade arbeitslose Jugendliche haben darunter zu leiden, da viele ältere Erwachsene die Meinung verbreiten, heutzutage seien Jugendliche einfach zu bequem zum Arbeiten. An die schwierige Arbeitsmarktsituation wird dabei nicht gedacht.

Themaanbindung	Auch hier wird deutlich, wie stark unsere Gesellschaft von Vorurteilen geprägt ist und wie schwer es ist diese auszurotten.
Argument	Hinzu kommt, dass ganz besonders die Vorurteile gegenüber gesellschaftlichen Randgruppen – nicht einmal in Deutschland, das als liberal und tolerant gilt – beseitigt werden können. Ein weiteres Beispiel ist die Situation der Homosexuellen in Deutschland.
Beleg / Gegenüberstellung	Viele behaupten, diese hätten mittlerweile ihren Platz in der Gesellschaft gefunden, doch die Schwulen und Lesben selbst sehen das anders. Sie klagen, dass sie immer noch Opfer von Vorurteilen aller Art seien. Einige Leute sind der Ansicht, Homosexualität sei etwas Verkehrtes, Perverses und Schlechtes. Sie sagen den sexuell Andersorientierten nach, dass sie keine Moral hätten und etwas Widernatürliches auslebten. Die Betroffenen haben selbst versucht zu zeigen, dass sie ganz normale Menschen mit ganz normalen Bedürfnissen sind, die sich lediglich zum eigenen Geschlecht hingezogen fühlen, dabei aber weder anrüchig noch pervers sind. Bis heute konnte das ein Großteil der Gesellschaft nicht nachvollziehen.
Beispiel	Ein gutes Beispiel hierfür ist das Heiratsverbot für gleichgeschlechtliche Paare in Deutschland. Was in den Niederlanden bereits möglich ist, wo Vorurteile weitgehend abgebaut werden konnten, ist hierzulande nicht durchsetzbar.
Themaanbindung	Offensichtlich gibt es in Deutschland Kräfte, die einer Liberalisierung auf diesem Gebiet Steine in den Weg legen und dadurch das alte Vorurteil, dass alles, was nicht der Norm entspricht, schlecht sei, aufrechterhalten.
Argument	Als weiteres Indiz dafür, wie schwer es ist gegen alte Vorurteile anzugehen, kann das Verhalten, das viele Menschen bei Behinderten zeigen, gewertet werden.
Beleg	Behinderte werden als fehlerhaft oder gar als minderwertig eingestuft. Viele sind der Ansicht, solche Menschen gehörten in Heime und der Kontakt mit ihnen müsse vermieden werden. In diesem Fall

haben Vereine für Behinderte und andere spezielle Einrichtungen darauf aufmerksam gemacht, dass alle ein Recht darauf haben, in die Gesellschaft integriert zu werden – und dass man intensiven Kontakt mit Behinderten ohne Befangenheit pflegen kann.

Diese Befangenheit können viele Menschen nicht ablegen und vermeiden daher lieber den Kontakt zu Behinderten.

Beispiel

Beispielsweise wissen viele nicht, mit Rollstuhlfahrern und deren Problemen in Kaufhäusern umzugehen. Man drückt sich eher vor solchen Begegnungen, als dass man der eigenen Unsicherheit ins Auge sieht.

Themaanbindung

Folglich zeigt vor allem der Umgang mit Behinderten, wie schwer es ist, unvoreingenommen auf Menschen zuzugehen. Hier wäre es wichtig, dass jeder von uns über sein Verhalten und die Gründe dafür nachdenkt.

Synthese

Zusammenfassend lässt sich sagen, dass es für uns heutzutage wirklich nicht leicht ist Vorurteile auszumerzen. In einigen Bereichen wurden unbestritten schon Fortschritte erzielt. Hier ist vor allem die Emanzipation der Frau zu nennen. Doch darf man nicht vergessen, dass gerade die Gleichstellung der Frauen kein einfacher Vorgang war. Es waren vielmehr die intensiven Bemühungen der Frauen selbst, die nach jahrelangem Kampf endlich Erfolge zeigten. Deutlich wird die Schwierigkeit Vorurteile auszuräumen vor allem am Verhalten gegenüber Randgruppen. Seien es Aidskranke, Homosexuelle oder Behinderte – bis heute ist es für die Gesellschaft schwer, von Vorurteilen Abstand zu nehmen und diese Menschen zu integrieren. Zwar muss man zugeben, dass die Einstellung zur Homosexualität schon liberaler geworden ist; besonders in Großstädten wurden in dieser Richtung wichtige Fortschritte erzielt, da dort die Menschen an unterschiedliche Lebensformen eher gewöhnt sind. Doch nicht zuletzt die von vielen Menschen noch immer gezeigte ablehnende Haltung gegenüber Ausländern beweist, dass es außerordentlich schwer ist, festgefahrene Meinungen aufzuweichen.

●●

Beantwortung
der Themafrage

„Es ist schwieriger, Vorurteile zu zertrümmern als Atome". Diese Aussage von Albert Einstein erweist sich also auch in unserer Zeit als wahr.

Schluss / Appell

Trotzdem sollte sich jeder Einzelne von uns mit dieser Erkenntnis nicht zufrieden geben, sondern immer wieder die eigenen Einstellungen und Verhaltensweisen überprüfen. Nur durch diese Selbstkontrolle kann ein harmonisches Miteinander in einer Welt, die dann weniger von Vorurteilen geprägt wäre, erreicht werden.

●●

Exkurs I – Die Argumentation

Hinweise zur Argumentation gab es bereits beim Schritt *Vertextung des Hauptteils* (siehe Seite 33). Wer dieses Thema vertiefen will, kann es an dieser Stelle tun.

Argumentieren heißt, eine strittige – also bestreitbare – Behauptung durch eine andere zu begründen oder zu untermauern. Das Ziel jeder Argumentation ist es, den Leser oder Zuhörer zu überzeugen und eventuell eine Änderung der Situation herbeizuführen.
Von der äußeren Form her ist ein Argument nicht ohne weiteres zu erkennen, sondern nur durch den logischen Zusammenhang mit anderen Sätzen, also durch den Kontext.

Welche Begriffe werden verwendet?

These	Ein aufgestellte und im Weiteren sachlich begründete Behauptung heißt *These*. Am Anfang der Erörterung wird sie zur Diskussion gestellt und ist noch unbewiesen.
Antithese	Sie ist die exakte Gegenbehauptung zur These.
Argument	Ein Argument ist der These strukturell untergeordnet und bringt eine allgemein formulierte Begründung. Jedes Argument muss durch Beweise und konkrete Belege gestützt werden.
Beleg	Im Beleg wird das Argument als allgemein richtig dargestellt.
Beispiel	Durch ein konkretes / praktisches Beispiel wird der Beleg veranschaulicht.

Wichtig: Bei der steigernden / linearen Erörterung ist die These identisch mit der Themafrage. Die Argumente bilden Sachblöcke. Bei der mehrteilig-linearen Form entsteht nochmals eine Untergliederung entsprechend den Bestandteilen der Themafrage (*Welche Gründe …? / Welche Lösungsmöglichkeiten …?*).
Bei der dialektischen Erörterung gibt es eine These und eine Antithese. Beide ergeben sich aus der Themenstellung.

Zurück zur Argumentation: Ob eine Argumentation sachlich und überzeugend ist, hängt auch von ihrer Art ab. Es gibt verschiedene Arten der Argumentation. Hier drei Beispiele:

➤ Die *plausible* Argumentation

Sie ist vordergründig und leuchtet auf den ersten Blick ein, bietet aber keine gedankliche Tiefe. Typisch für sie sind Allgemeinplätze und häufig auch eine übertriebene Darstellung. In der plausiblen Argumentation wird der Leser mit Klischees konfrontiert.

> Wenn man mit den Eltern verreisen muss, ist Langeweile vorprogrammiert, denn es gibt immer nur Kulturprogramm.

➤ Die *moralische* Argumentation

Sie arbeitet mit der Darstellung allgemein anerkannter Verhaltensweisen und gesellschaftlicher Normen.

> Das Tabakrauchen macht körperlich abhängig. Es mag an dieser Stelle genügen, auf neueste Untersuchungsergebnisse wissenschaftlicher Studien hinzuweisen. Erst neulich hat Professor XY in einem Interview betont, dass …

➤ Die *rationale* Argumentation

Sie bietet Daten, Fakten und Zahlen und wird logisch entwickelt.

> Sport ist nur noch ein großer Markt. Denken wir zum Beispiel an Bungeejumping. Für einen Sprung von einem Kran oder einer Brücke zahlt man üblicherweise zwischen 100 und 150 DM. Dieser Sport – wenn man ihn als solchen sehen will – ist wirklich nur dazu da, den Teilnehmern einen Kick zu verschaffen und den Veranstaltern Geld.

Klar ist, dass die so genannte *rationale Argumentation* den Idealfall darstellt. Allerdings zeigen psychologische Untersuchungen, dass man nach einiger Zeit abschaltet, wenn man mit zu viel Zahlenmaterial und Fakten konfrontiert wird. Deshalb sollten Sie die rationale Argumentation und die anderen Formen abwechselnd verwenden. Gerade bei ethisch-moralischen Themen, wie sie in der Sekundarstufe II immer wieder vorkommen, wird man mit Zahlenmaterial ohnehin wenig ausrichten können.

Eine entfaltete Argumentation enthält:

These   →   Argument   →   Beleg   →   Beispiel

Hier ein Beispiel – achten Sie auch auf die *kursiv gedruckten* Wörter:

Fragestellung	Soll das Rauchen in der Schule verboten werden?
These	Rauchen sollte für Schüler verboten werden,
Argument	*weil* es schädlich ist, besonders für Jugendliche,
Beleg	*denn* es kann ihre Gesundheit gefährden.
Beispiel	Jeder weiß *nämlich*, dass fast 90 Prozent der Lungenkrebsfälle auf das Rauchen zurückzuführen sind.

Noch ein – inhaltlich nicht ganz ernst gemeintes – Beispiel:

Fragestellung	Sollen Schüler beim Surfen im Internet Schutzkleidung tragen?
These	Schüler sollten beim Surfen im Internet weiße Schürzen anlegen,
Argument	*weil* diese Arbeit schädlich ist,
Beleg	*denn* die vom Computer ausgehende Strahlung ist gefährlich für die Gesundheit.
Beispiel	Neueste Untersuchungen haben gezeigt, dass 80 Prozent der Strahlenschäden bei Schülern auf fehlende weiße Schürzen zurückzuführen sind.

Pauschalurteile, Widersprüche oder Beleidigungen von Personen und Gruppen sollten in einer Argumentation unbedingt vermieden werden.
Manchmal finden Sie vielleicht kein geeignetes Beispiel. Dann haben Sie zwei Möglichkeiten: Entweder das Argument versteht sich von selbst – dann genügt es, wenn Sie es durch einen allgemeinen Beleg absichern. Oder Sie sollten prüfen, ob sich nicht vielleicht deshalb kein konkretes Beispiel finden lässt, weil das Argument schlecht ist. Dann müssen Sie es schweren Herzens streichen.

Einige von Ihnen haben sicher keinerlei Probleme mit dem Finden von Beispielen. Gerade in der Sekundarstufe II müssen Sie allerdings darauf achten, dass Sie den Leser nicht mit unwichtigen Details aus dem eigenen Privatleben langweilen. Ein Beispiel muss in ein bis drei Sätzen abgehandelt sein, sonst ist es unbrauchbar. Das Gegenteil – ein zu knappes Beispiel – sollten Sie natürlich auch vermeiden.

Formulierungen wie: „Das ist mir auch schon zugestoßen" sind kein ordentliches Beispiel. Selbstverständlich sollten die Beispiele außerdem auf das Argument zugeschnitten sein!

Argumentationen lassen sich also – wie oben gezeigt – aufbauen. In der Logik unterscheidet man zwischen der deduktiven und der induktiven Argumentation:

✗   Bei der deduktiven Form geht man von der allgemeinen Aussage zum Einzelfall.

✗   Die induktive Methode dreht das Schema um, indem sie mit dem Beispiel beginnt und von Einzelfällen auf immer gültige Gesetzmäßigkeiten kommt.

Die variable Handhabung beider Argumentationsmuster zeichnet den Meister aus. Hier wie überall gilt: Experimentieren Sie in der Hausaufgabe – in der Prüfung sollten Sie auf Bewährtes zurückgreifen.

Fassen wir zusammen

Eine vollständige Argumentation besteht aus These, Argument, Beleg und Beispiel. Wichtig dabei ist, dass die einzelnen Bestandteile ineinander greifen und sich logisch entwickeln.

Checkliste

☑   Argumente und Belege erkennen

☑   Gute und treffende Beispiele finden

Exkurs II – Die Gliederung des Textes

Gerade bei einer Erörterung ist es wichtig, dass der Leser immer weiß, wann ein neuer Gedanke beginnt. Er muss ohne Gliederung in der Lage sein, sich im Text zurechtzufinden. Absätze sind hierfür eine gute Lesehilfe. Machen Sie vor jedem neuen Gedanken einen Absatz, spätestens jedoch vor jedem neuen Gliederungspunkt. Zwischen Einleitung, Hauptteil und Schluss sollten Sie jeweils eine Zeile freilassen.

In der Gliederung werden Gedanken voneinander getrennt aufgeschrieben. In der Ausarbeitung müssen Sie die einzelnen Gesichtspunkte sinnvoll zueinander in Beziehung setzen. Als Hilfsmittel verwenden Sie dabei Überleitungen.

Überleitungen haben zwei wesentliche Funktionen:

✗ Sie verknüpfen ein Argument mit dem anderen.

✗ Sie schaffen fließende Übergänge zwischen den drei großen Teilen der Erörterung.

Besonders Nebensatzkonjunktionen eignen sich dazu, gute und sinnvolle Verbindungen zwischen Sätzen und größeren Sinnabschnitten zu schaffen:

da	weil	wenn
falls	damit	um … zu
obwohl	dadurch, dass	indem
nachdem	während	als

Folgende Formulierungen sind ebenfalls sehr hilfreich:

➡ Reihung

außerdem	ferner	auch
zusätzlich	darüber hinaus	ebenso
eng damit verbunden ist	hinzu kommt	nicht zuletzt

➡ Steigerung

wesentlich größer als	viel wichtiger jedoch	schwerer wiegt
bedenklicher ist	überzeugender ist wohl	bedeutender ist

➡ Gegenüberstellung

nicht nur … sondern auch	wenden wir uns nun	andererseits
im Gegensatz dazu	auf der anderen Seite	demgegenüber

➡ Gegensatz

aber	vielmehr	hingegen
im Gegensatz dazu	dagegen spricht	jedoch

➡ Einräumung

wenn auch	obwohl	allerdings
mag sein, dass	wenngleich	zwar

➡ Folge

also	folglich	sodass
als Konsequenz	daraus ergibt sich	demnach

Sicher leuchtet Ihnen jetzt ein, dass man mit Überleitungen tatsächlich ein fließendes Textganzes schaffen kann.

Ein letzter Tipp: Versuchen Sie immer Variationen zu finden. Nichts ist langweiliger als eine Aneinanderreihung von Ausdrücken wie *ferner, darüber hinaus, außerdem*.

┌─ Fassen wir zusammen ─┐

Absätze strukturieren den Text und Überleitungen schaffen einen Gesamtzusammenhang. Sie sind von großer Bedeutung für eine gut lesbare Darstellung.

Checkliste

☑ **Größere Gliederungspunkte oder neue Gedanken durch Absätze trennen**

☑ **Gute Überleitungen finden**

2   Die Problemerörterung – dialektische Form für Fortgeschrittene

In diesem Kapitel geht es um ein Thema, dessen Schwierigkeitsgrad einem Abiturthema zur Problemerörterung – oder freien Erörterung, wie sie auch genannt wird – entspricht.

Die Themen aus den Bereichen *neue Medien, Gesellschaft* und *Politik*, die oft schon zu Beginn der Sekundarstufe II gestellt werden, werden zunehmend abstrakter. Dazu kommen Fragestellungen aus dem ästhetisch-literarischen Bereich. Was Aufbau und Vorgehensweise betrifft, besteht zu den einfacheren Themenstellungen kein Unterschied. Keine Abweichung auch in diesem Punkt: Gehen Sie wieder nach den bekannten sechs Arbeitsschritten vor!

> „Ich glaube, wir sind die informierteste und gleichzeitig ahnungsloseste Gesellschaft, die je existiert hat.“
>
> Diskutieren Sie diese Einschätzung des Schriftstellers Peter Turrini!

1   Erfassung des Themas

Bei diesem Thema handelt es sich um ein Zitatthema. Oft ist es so, dass Zitate nur ein Aufhänger für die eigentliche Themafrage sind. Dies ist hier nicht der Fall, denn die Aussage des Schriftstellers Turrini soll als solche diskutiert werden. Sollten Sie Peter Turrini nicht kennen, so lässt sich aus dem Zitat zumindest folgern, dass er ein Zeitgenosse ist und gegenüber unserer Informationsgesellschaft eine kritische Stellung bezieht. Von daher müssen Sie sich von diesem Thema also nicht abschrecken lassen.

Das Zitat beinhaltet folgende Schlüsselbegriffe: informiert, ahnungslos, Gesellschaft. Es geht also um unsere moderne Informationsgesellschaft, der vorgeworfen wird, trotz des – historisch betrachtet – höchsten Standes an Wissensressourcen keinen echten Durchblick zu haben.

Nachdem die Arbeitsanweisung uns explizit dazu auffordert, die Meinung Turrinis zu diskutieren, lautet die Themafrage also:

> Inwiefern hat Peter Turrini Recht? Was lässt sich gegen sein Statement einwenden, wenn er sagt, unsere Gesellschaft sei die „informierteste und gleichzeitig ahnungsloseste (…), die je existiert hat“?

Somit ist erkennbar, dass dieses Thema einen klassischen dialektischen Aufbau aufweisen sollte. Wie dieses Schema allerdings variiert werden kann, sehen Sie an der Gliederung.

2 Sammlung und Ordnung von Ideen

Denken Sie beim Ideensammeln vor allem daran, dass Wendeargumente zu vermeiden sind! Besonders Themen, bei denen es um Weltanschauungen und Einstellungen geht, beinhalten fast immer eine Fülle von Aspekten, die je nach Standpunkt des Betrachters als positiv oder negativ zu bewerten sind. Der Aspekt *Unterhaltung durch neue Medien* beispielsweise verführt zu typischen Wendeargumentationen, da sich einerseits kaum einer der Faszination des Fernsehens oder des Internets entziehen kann, andererseits aber ist klar, dass man wider besseren Wissens handelt, wenn man sich stundenlang berieseln lässt.

3 Erstellung einer Gliederung des Hauptteils

Zu den beiden Gliederungstypen können Sie sich, wenn nötig, noch einmal auf Seite 25 informieren. Überlegen Sie sich zunächst, wie Sie das Thema angehen würden, bevor Sie das Beispiel lesen! Im Beispiel sind jeweils nur zwei Argumente ausgearbeitet. Es wurde aber Wert darauf gelegt, dass diese zwei Argumente gut belegt sind.

Sie haben weiter oben schon erfahren, dass bei fortgeschrittenen Erörterungsthemen Abweichungen vom gelernten Muster möglich, wenn nicht sogar wünschenswert sind. Gerade ein so kontrovers diskutiertes Thema wie unsere Informationsgesellschaft ist dazu geeignet, eine verschränkte Anordnung der Argumente zu präsentieren. Wie dies aussehen kann, zeigt das folgende Gliederungsbeispiel:

B   Inwiefern sind wir ausreichend mit Informationen versorgt, inwiefern verschafft uns das aber keinen echten Durchblick?

I. Uns steht eine Fülle an Informationen zur Verfügung

    1. a) Durch die neuen Medien wird ein höherer Informationsstandard erreicht
        b) Die Qualität der gebotenen Informationen hat sich nicht zwangsläufig erhöht

    2. a) Durch die neuen Medien wird ein Höchstmaß an Unterhaltung geboten
        b) Bildung und aktives Lernen treten in den Hintergrund

II. Die Informationsfülle führt nicht zu einem besseren Verständnis der Welt

    1. a) Spezialisierung bringt Einseitigkeit mit sich
        b) Problemlösendes Denken im Team ist gefragt

    2. a) Der Umgang mit den zur Verfügung stehenden Möglichkeiten ist oft zu technikgläubig
        b) Positive Nutzung der vorhandenen Informationen zur Lösung globaler Probleme wäre möglich

III. Aus dem angehäuften Wissen müssen Erkenntnisse zur Verbesserung unserer Welt erwachsen

Wie Sie sicher erkannt haben, relativieren sich die Unterpunkte a) und b) jeweils gegenseitig, da b) immer eine Einräumung gegenüber a) darstellt. Der Vorteil einer solchen Vorgehensweise liegt auf der Hand: Mögliche Einwendungen werden selbst gebracht – und dadurch lenkt der Verfasser die Argumentation in die gewünschte Richtung. Dies ist ein uralter rhetorischer Trick, den schon die Griechen und Römer beherrschten. Cicero nennt diese Vorwegnahme der gegnerischen Position *praeoccupatio*. Heute würde man sagen: Man nimmt dem Gegner den Wind aus den Segeln. Aus den Gedanken unter b) lassen sich zukunftsweisende Visionen gewinnen, die in die Synthese münden.

4 + 5   Einleitung und Schluss

Der Einstieg in dieses Thema stellt hohe Ansprüche an den Profi-Erörterer. Mit einem Zitat anzufangen verbietet sich angesichts der Themenstellung von selbst. Von einer Definition ist ebenfalls abzuraten, da sonst die Gefahr besteht, Turrinis Aussage schon zu Beginn der Erörterung unzulässig einzuschränken. Also ist es am ungefährlichsten, einen aktuellen Einstieg zu wählen, auch wenn dieser zugegebenermaßen recht allgemein gehalten sein wird. Das liegt vor allem daran, dass sich Turrinis Aussage selbst nicht auf ein konkretes Ereignis bezieht.

A   Einleitung
Der Mensch kann sich der zunehmenden Technisierung
der Welt nicht verschließen

Zunächst fängt die Verfasserin mit dem eben diskutierten aktuellen Gedanken an, der sich am Ende des 20. Jahrhunderts immer anbietet.

> Der Weg ins 21. Jahrhundert ist ein Weg des Fortschritts und der zunehmenden Technisierung der Welt, dem sich die Menschheit nicht verschließen kann. Wir werden mit einer Fülle neuer Möglichkeiten, aber auch mit Problemen konfrontiert, mit denen wir uns auseinanderzusetzen haben.

Anschließend schlägt sie den Bogen zum Zitat aus der Themenstellung. Ihr gelingt es dabei, das Zitat nicht vollständig zu wiederholen – und es doch organisch einzufügen.

> Angesichts dieser Entwicklung behauptet der Schriftsteller Peter Turrini, es handle sich bei unserer heutigen Gesellschaft um „die informierteste und gleichzeitig ahnungsloseste Gesellschaft, die je existiert hat".

Anschließend stellt sie die Themafrage, indem sie auf die Relevanz von Turrinis Aussage eingeht und deutlich macht, dass sie eine dialektische Erörterung schreiben wird.

> Ob diese Einschätzung zutreffend ist oder ob sie an der Wirklichkeit vorbeigeht, soll im Folgenden kritisch erörtert werden.

In einem letzten Abschnitt, der als Überleitung zum Hauptteil fungiert, wird das Thema nochmals in seine zwei Bestandteile zerlegt und dadurch die Vorgehensweise der Verfasserin bereits vorstrukturiert.

> Die Aussage Peter Turrinis umfasst zwei Aspekte. Zum einen spricht er den Informationsstandard der heutigen Zeit an, zum anderen bezieht er sich auf die Reaktion der Menschen auf dieses Phänomen.

Am Ende der Erörterung sollte sich der Kreis zur Einleitung wieder schließen. Da mit dem Ausblick auf das 21. Jahrhundert begonnen wurde, folgt am Ende ein Appell an jeden von uns. Außerdem wagt die Verfasserin eine eigene Einschätzung bezüglich Turrinis Menschenbild auf der Grundlage seines Zitats. Der Schluss endet mit einer äußerst pessimistischen Darstellung des menschlichen Charakters, was aber eigentlich als versteckte Kritik an der mangelnden Erkenntnisbereitschaft der Menschen zu verstehen ist.

C Schluss
   Peter Turrini geht von einem extrem negativen Menschenbild aus

> Peter Turrini scheint die Menschheit als eine Ansammlung von fremdbestimmten, gesichtslosen Wesen zu betrachten, die die ihnen gebotenen Möglichkeiten leichtfertig ignorieren – und genau das ist der Punkt, an dem jeder Einzelne anfangen muss etwas zu verändern.
> Viele Menschen sind jedoch nicht dazu bereit, sich eingehend mit einem Thema zu beschäftigen oder sich gar um die Probleme anderer zu kümmern. Gleichgültigkeit, Oberflächlichkeit und eine große Portion Egoismus führen dazu, dass viele Menschen ihr Wissen und ihre Bildung nicht in optimalem Maß einzusetzen wissen und dadurch den Vorteil, den uns die Technik gegenüber früheren Jahrhunderten gewährt, ungenutzt lassen.

6   Vertextung des Hauptteils

Bei der Vertextung gehen Sie nach dem bereits bekannten Schema vor:

✗   Aufstellen der These

✗   Ausformulierung des Arguments

✗   Darstellung der allgemeinen Richtigkeit der Arguments
(= Begründung / Beleg)

✗   Anwendung der Begründung auf einen speziellen Fall (= Beispiel)

✗   Herstellung des Themabezugs

These   →   Argument   →   Beleg   →   Beispiel

Aufsatzbeispiel

„Ich glaube, wir sind die informierteste und gleichzeitig ahnungsloseste Gesellschaft, die je existiert hat."

Diskutieren Sie diese Einschätzung des Schriftstellers Peter Turrini!

Gliederung

A   Einleitung
     Der Mensch kann sich der zunehmenden Technisierung
     der Welt nicht verschließen

B   Inwiefern sind wir ausreichend mit Informationen versorgt,
     inwiefern verschafft uns das aber keinen echten Durchblick?

    I. Uns steht eine Fülle an Informationen zur Verfügung

        1. a) Durch die neuen Medien wird ein höherer Informationsstandard
             erreicht
            b) Die Qualität der gebotenen Informationen hat sich
              nicht zwangsläufig erhöht

        2. a) Durch die neuen Medien wird ein Höchstmaß an Unterhaltung
              geboten
            b) Bildung und aktives Lernen treten in den Hintergrund

    II. Die Informationsfülle führt nicht zu einem besseren Verständnis
      der Welt

        1. a) Spezialisierung bringt Einseitigkeit mit sich
            b) Problemlösendes Denken im Team ist gefragt

        2. a) Der Umgang mit den zur Verfügung stehenden Möglichkeiten
              ist oft zu technikgläubig
            b) Positive Nutzung der vorhandenen Informationen zur Lösung
              globaler Probleme wäre möglich

    III. Aus dem angehäuften Wissen müssen Erkenntnisse zur Verbesserung
       unserer Welt erwachsen

C   Schluss
     Peter Turrini geht von einem extrem negativen Menschenbild aus

Ausführung

Aktueller Bezug	Der Weg ins 21. Jahrhundert ist ein Weg des Fortschritts und der zunehmenden Technisierung der Welt, dem sich die Menschheit nicht verschließen kann. Wir werden mit einer Fülle neuer Möglichkeiten, aber auch mit Problemen konfrontiert, mit denen wir uns auseinanderzusetzen haben. Angesichts dieser Entwicklung behauptet der Schriftsteller Peter Turrini, es handle sich bei unserer heutigen Gesellschaft um „die informierteste und gleichzeitig ahnungsloseste Gesellschaft, die je existiert hat".
Themafrage	Ob diese Einschätzung zutreffend ist oder ob sie an der Wirklichkeit vorbeigeht, soll im Folgenden kritisch erörtert werden.
Überleitung: Vorstrukturierung / Definition	Die Aussage Peter Turrinis umfasst zwei Aspekte. Zum einen spricht er den Informationsstandard der heutigen Zeit an, zum anderen bezieht er sich auf die Reaktion der Menschen auf dieses Phänomen.
These	Zweifelsohne sieht sich heutzutage jeder von uns, ob er nun will oder nicht, mit einer Unmenge an Informationen konfrontiert, die ihm auf den verschiedensten Wegen angeboten werden. Die moderne Technik und der Fortschritt sind es, die in unserer heutigen wissbegierigen und forschenden Zeit eine Vielzahl von Möglichkeiten eröffnen.
Argument	Durch die neuen Medien stehen uns heute ganz andere Informationsquellen zur Verfügung als noch vor einigen Jahrzehnten.
Beleg / Beispiel	Das Fernsehen erreicht immer neue Dimensionen, das Internet stellt ein fast lückenloses Informationssystem dar und auch im Bereich der Telekommunikation hat sich viel getan. Das begrenzte Speichervermögen des menschlichen Gehirns kann durch Computer unterstützt und erweitert werden. Es ist möglich, alles erhaltene Wissen zu speichern und – sofern kein Systemfehler vorliegt – jederzeit wieder abzurufen. Demjenigen, der ständigen Zugriff auf die Datenbanken hat, stehen quasi alle Erkenntnisse der Menschheit zur Verfügung.

Einschränkung	Bleibt die Frage: Was geschieht, wenn die Technik einmal ihren Dienst versagt?
Argument	Die Überlegung, die sich aufdrängt, ist aber, ob sich mit der Zunahme der technischen Möglichkeiten neben der Quantität auch die Qualität der Informationen erhöht hat, was ja letztendlich für das Bildungsniveau einer Gesellschaft ausschlaggebend wäre.
Beispiele	Verhält es sich nicht vielmehr so, dass wir über das Fernsehen zunehmend mit Klatsch, Tratsch und immer mehr Gewalt versorgt werden? Nehmen nicht Spielfilme und tägliche Serien einen immer größeren Teil des Fernsehprogramms ein? Haben nicht seriöse Nachrichtensendungen und Info-Magazine das Nachsehen gegenüber Sensationsberichterstattung und Werbespots? Die Meldungen und Nachrichten von echter Wichtigkeit erhalten wir nach wie vor hauptsächlich aus der Zeitung – und zwar meist in angemessenem Umfang und sachlicher Darstellungsweise.
Themaanbindung	Insofern wage ich zu behaupten, dass unsere Gesellschaft qualitativ gesehen nicht mehr und nicht weniger informiert ist als beispielsweise noch vor fünfzehn Jahren. Es ist nur die neue Art der Informationsübermittlung – wie zum Beispiel via Internet – die die ganze Angelegenheit spektakulärer erscheinen lässt, als sie eigentlich ist.
Beleg / Argument	Die Zuschauerzahlen der privaten Fernsehstationen und die steigende Zahl an PCs in Privathaushalten zeigen die Faszination, die von den neuen Medien und ihrem Unterhaltungswert ausgeht.
Argument / Beleg	Selbst die Installation von Homepages im Internet dient zwar vordergründig der Information, letztendlich sind sie aber Ausdruck von Spielfreude und Kreativität.
Einschränkung	Allerdings scheint die Gefahr gegeben, dass durch ein Zuviel an Unterhaltung und der neuen Mischform „Infotainment" eine Situation entsteht, die den Blick für die interessanten und wichtigen Bildungsinhalte trübt.

Argument	Nimmt man wieder das Fernsehen als Beispiel, so lässt sich erkennen, das sein oberstes Ziel nicht die Bildung, sondern die Ruhigstellung der Zuschauer ist.
Erläuterung des Arguments	Durch ein einfaches Strickmuster, bei dem die Bilder, mit denen der Zuschauer berieselt wird, im Vordergrund stehen, wird eine weitgehende Passivität gefördert.
Beleg	Schon vor Jahren wies der amerikanische Medienkritiker Neil Postman auf diese Entwicklung hin. Fernsehen erfordert im Gegensatz zu aktivem Lernen keine geistigen Voraussetzungen oder gar analytische Denkfähigkeit, sodass es ein bequemes Unterhaltungsmedium, nicht aber eine Bildungsquelle darstellt.
Erweiterung	Ähnliche Phänomene lassen sich, wie schon erwähnt, bei Internet und Computerspielen beobachten. Genau wie das Fernsehen wurde ja der Internet-Zugang ursprünglich als der Wissensvermittler schlechthin angepriesen.
Zusammenfassung	Mag es auch stimmen, dass uns heute so viele Informationen angeboten werden wie nie zuvor, so bedeutet das nicht automatisch, dass wir auch wirklich die informierteste Gesellschaft sind, die es je gab.
Erläuterung der Zusammenfassung	Zum einen enthalten die gelieferten Informationen viele nichtverwertbare Bestandteile, zum anderen kann sich meiner Meinung nach eine zu große Informationsflut auch negativ auswirken. Ein Großteil der auf einen einströmenden Nachrichten kann irgendwann nicht mehr aufgenommen und verarbeitet werden, da ein menschliches Hirn nun einmal kein Computer ist und seinem Fassungsvermögen bestimmte Grenzen gesetzt sind.
Einschränkung	So lässt sich wohl nicht bestreiten, dass Peter Turrini mit seiner Bewertung, unsere heutige Gesellschaft wäre die informierteste, die es je gab, durchaus richtig liegt.
Überleitung	Eine andere Frage jedoch ist es, ob mit dem hohen Informationsangebot auch ein gleichermaßen hoher Wissens- und Erkenntnisstand einhergeht, denn dies ist der Bereich, auf den sich Turrini mit der Ahnungslosigkeit der Gesellschaft bezieht.

••

Vorwegnahme Gegenargument	Aufgrund der Möglichkeiten, die uns die Technik bietet, wäre es für jeden, der an einer bestimmten Sache interessiert ist, ein Leichtes, sich alle Informationen zu beschaffen.
Argument	Allerdings kann keiner von uns dieses Angebot wirklich nutzen, weil die Informationsfülle unüberschaubar geworden ist.
Weiterführung	Dies führt letztlich zur bekannten Spezialisierung auf kleinste Teilgebiete einer wissenschaftlichen Disziplin.
Rhetorische Frage: Beleg	Was nützt es, wenn sich drei Leute jeweils auf einen anderen Teilbereich eines Problems spezialisiert haben, ihre Erkenntnisse aber schließlich nicht zusammenfügen und in einen größeren Zusammenhang stellen, weil durch die Anhäufung von Details der Blick für das Ganze verloren geht?
Argument	Die ursprüngliche Intention des Internet war die Zusammenführung von Wissen. Man wollte ein Forum schaffen zur Erstellung von gemeinsamen Lösungen globaler Probleme. Sinnvoll wäre es, diesen Ansatz wieder mehr in den Mittelpunkt zu stellen, anstatt mit Teilnehmern aus anderen Erdteilen nur über Belanglosigkeiten zu „chatten".
Überleitung	Im Zusammenhang mit den neuen Medien und der Technik erscheint nicht nur die Vereinzelung und Isolierung des Menschen als Problem, sondern auch ein falsches Umgehen mit dem technischen Fortschritt.
Argument	Die Menschen werden von blindem Forschungsdrang geleitet, ohne an die oft weit reichenden Folgen ihres Tuns zu denken, obwohl die Informationsmöglichkeiten bezüglich der Schäden gegeben wären. Man kann sogar behaupten, die Informationsflut eigne sich hervorragend zur Verschleierung negativer Auswirkungen.
Einschränkung	Wenn auch viele Folgen des technischen Fortschritts heutzutage noch nicht abzusehen sind, so wäre doch des Öfteren ein größeres Verantwortungsbewusstsein gegenüber nachfolgenden Generationen wünschenswert.

••

Eventuelle Schäden, die die Technik mit sich bringen kann, dürfen nicht einfach achtlos beiseite geschoben werden, sondern müssen sorgfältig abgewogen werden. Der Blick auf die Zukunft darf nicht verloren gehen.

Themaanbindung

Die Gesellschaft von heute, der theoretisch unendlich viele Informationen zur Verfügung stehen, ist auch insofern als ahnungslos zu bezeichnen, als sie einerseits die Möglichkeiten, die ihr offenstehen, nicht vollkommen erfasst und anderseits die Möglichkeiten, die sie erfasst hat, nicht optimal nutzt. Gerade an diesem Punkt bieten sich Handlungsmöglichkeiten.

Einschränkung

Spricht man in diesem Zusammenhang von Information, so kann man diese nicht allein unter dem Gesichtspunkt der Wissensansammlung sehen.

Beispiel

Als Information lässt sich beispielsweise auch die Kenntnis von Krisen in der Welt, vom Leid vieler Menschen und Völker sowie der Bedrohung unserer Umwelt bezeichnen.

Auf diesen Gebieten hätte jeder von uns die Chance, sich fundiertes Wissen anzueignen und entsprechend zu helfen – oder zumindest zu versuchen, in größerem Maß auf die Probleme aufmerksam zu machen.

Synthese

Nun besteht dabei jedoch die Gefahr, durch die Flut von Meldungen und Nachrichten, die auf uns einströmen, zu resignieren, da man bei der Fülle von Katastrophenmeldungen nicht mehr weiß, wo man anfangen soll. Außerdem strömt so viel Unwichtiges auf uns ein, was leicht dazu führen kann, dass man abschaltet und sich nur noch gleichgültig und zu Unterhaltungszwecken berieseln lässt.

Anbindung an Einleitung

Ob man Turrinis Einschätzung, unsere Gesellschaft sei ahnungslos, teilen kann, hängt – wie sich gezeigt hat – entscheidend davon ab, wie man die Stichworte „Information" und „Ahnungslosigkeit" definiert.

Eines jedoch scheint festzustehen: Ganz egal, auf welchem informationstechnischen Niveau sich unsere Gesellschaft befindet und unabhängig davon, ob es höher ist als jemals zuvor, so ist doch ein verantwortungsbewusster und intelligenter Umgang mit dem Wissen und Können der Menschheit unabdingbar. Wir müssen uns gegen unsere Ahnungslosigkeit wehren und versuchen, das Wissen unserer Zeit optimal zu verwerten, indem wir entsprechende Erkenntnisse und Schlüsse daraus ziehen. Es wäre ganz wesentlich, dem theoretischen Wissen Taten folgen zu lassen.

Bezug zum Zitat

Peter Turrini scheint die Menschheit als eine Ansammlung von fremdbestimmten, gesichtslosen Wesen zu betrachten, die die ihnen gebotenen Möglichkeiten leichtfertig ignorieren – und genau das ist der Punkt, an dem jeder Einzelne anfangen muss etwas zu verändern.

Kritik

Viele Menschen sind jedoch nicht dazu bereit, sich eingehend mit einem Thema zu beschäftigen oder sich gar um die Probleme anderer zu kümmern. Gleichgültigkeit, Oberflächlichkeit und eine große Portion Egoismus führen dazu, dass viele Menschen ihr Wissen und ihre Bildung nicht in optimalem Maß einzusetzen wissen und dadurch den Vorteil, den uns die Technik gegenüber früheren Jahrhunderten gewährt, ungenutzt lassen.

3   Die literarische Erörterung – mehrteilig-lineare Form für Einsteiger

Genau wie bei der Problemerörterung gibt es bei der literarischen Erörterung eine lineare und eine dialektische Form. Außerdem werden Ihnen neben frei formulierten Themen auch Zitatthemen begegnen. Dies bedeutet für Sie, dass Sie bei einer literarischen Erörterung wie bei einer Problemerörterung vorgehen.

Zur Erinnerung die sechs Schritte der Erörterung:

1 Erfassung des Themas

2 Sammlung und Ordnung von Ideen

3 Erstellung einer Gliederung des Hauptteils

4 Ideen für die Einleitung

5 Schlussgedanken

6 Vertextung des Hauptteils

Welche Voraussetzungen sollten Sie darüber hinaus mitbringen?

➤➤ **Vertrautheit mit dem zu behandelnden Werk auf Grund intensiver Lektüre**

✗   Kenntnis der Gesamtkomposition des Werks: Aufbau, Handlungsstruktur, entscheidende Stationen oder Phasen, Beziehung zwischen Anfang und Schluss, Höhepunkt, Wendepunkt

✗   Kenntnis der zentralen Textstellen: entscheidende Dialoge oder Monologe im Drama, zentrale Gespräche im Roman …

➡ **Kenntnisse über die Entstehungsgeschichte des Werks**

✘ historisch-gesellschaftlicher Hintergrund

✘ zentrale Merkmale einer Epoche

✘ Werk und Biografie des Autors

➡ **Eventuell Kenntnisse über thematisch oder motivisch ähnliche Werke anderer Autoren**

➡ **Berücksichtigung grundlegender kulturgeschichtlicher Bezüge**

✘ Bibel

✘ Werke der klassischen Antike

➡ **Kenntnis von Fachbegriffen der Literaturwissenschaft und Grundbegriffen der Literaturgeschichte**

➡ **Fähigkeit, Zitate funktionsgerecht in die Darstellung einzubauen und damit eigene Behauptungen korrekt nachzuweisen**
(siehe auch *Exkurs III*, Seite 90)

Zu Beginn der Sekundarstufe II wird der Sturm und Drang behandelt. Schillers Jugenddramen sind wesentlicher Bestandteil dieser literarischen Epoche. Obwohl *Die Räuber* ein Klassiker des Deutschunterrichts ist, soll an dieser Stelle ein Aspekt vorgestellt werden, der im üblichen Themenkanon nicht zwangsläufig vorkommt. Das häufig gelesene Drama kann durch die folgende Themenstellung um eine Facette ergänzt werden.

> Amalia – die einzige weibliche Protagonistin in Schillers „Die Räuber".
>
> Untersuchen Sie die Figur der Amalia! Welche Funktion hat sie im Drama?

1 Erfassung des Themas

Auch bei frei formulierten Arbeitsanweisungen ohne Zitat müssen Sie davon ausgehen, dass jedes Wort wohl überlegt gesetzt ist. Daher ist wie immer das Auffinden der Schlüsselbegriffe essenziell für die gute Bearbeitung eines solchen Themas.

In unserem Fall geht es um Amalia von Edelreich, die einzige in Schillers Drama auftretende Frauenfigur. Als einzige Frau im Drama ist sie von einer gewissen Wichtigkeit, weshalb sie in der Arbeit untersucht werden soll. Schlüsselbegriffe des Themas sind also: Amalia und weibliche Protagonistin.

Die Arbeitsanweisung – *Untersuchen Sie die Figur der Amalia!* – ist sehr großzügig formuliert. Bei einer literarischen Figur können Sie eine Vielzahl von Aspekten betrachten, beispielsweise:

✗   Anlage der Figur als Typus oder Individuum

✗   besondere Charakterzüge

✗   Entwicklung im Handlungsfortgang

✗   Korrelation Äußeres – Charakter

✗   soziale Beziehungen

✗   Stellung innerhalb der Personenkonstellation

✗   Weltanschauung
…

Die Bearbeiterin unseres Aufsatzbeispiels hat sich für folgende Punkte entschieden:

✗   Analyse des Charakters

✗   Beziehungen zu anderen Hauptpersonen

✗   Weltsicht

Dies sind die relevanten Punkte für die Erfassung Amalias. Eine solche Auswahl ist notwendig, da ein Abhaken aller oben genannten Punkte weder sinnvoll noch machbar ist. Erstens passen nicht alle Kriterien auf alle literarischen Figuren. Zweitens ist es ein Qualitätsmerkmal einer literarischen Erörterung, eine sinnvolle Auswahl der Untersuchungskriterien getroffen zu haben.

In einem weiteren Teil der Erörterung muss dann die zweite Arbeitsanweisung ausgeführt werden. In unserem Beispiel ist sie als Frage formuliert: *Welche Funktion hat sie im Drama?*
Es geht also darum, Amalias Bedeutung innerhalb des Dramas darzustellen, und zwar:

✗ für den Handlungsverlauf

✗ für den Ausgang des Dramas

✗ für weitere Hauptfiguren

…

Auf den ersten Blick sieht es so aus, als könnte man die beiden thematischen Blöcke völlig unabhängig voneinander betrachten. Bei näherem Hinsehen wird aber klar, dass die Untersuchung Amalias als Vorarbeit für die Darstellung ihrer Funktion notwendig ist.

So lautet also unsere Themafrage:

> **Wie ist die Figur der Amalia von Edelreich dargestellt und welche Aufgabe hat ihre Figur?**

Fassen wir zusammen

Der Themabegriff (= zentraler Begriff / Leitbegriff) zielt auf den Kern der literarischen Problematik, über die geschrieben werden soll. Die Analyse des Themabegriffs ist ein nützliches Instrument zur Vermeidung einer Themaverfehlung. *Untersuchen Sie! – Beschreiben Sie! – Charakterisieren Sie! – Stellen Sie dar!* sind typische Arbeitsaufträge für eine lineare literarische Erörterung. Halten Sie Ausschau nach solchen Formulierungen!
Sollten Sie folgende Anweisungen lesen wie: *Diskutieren Sie! – Erörtern Sie! – Setzen Sie sich … auseinander! – Nehmen Sie kritisch Stellung!*, dann bedeutet das, dass eine dialektische Erörterung gefordert ist.

Checkliste

☑ Thema sorgfältig durchlesen

☑ Themabegriffe suchen

☑ Arbeitsanweisung erfassen

☑ Sich für die richtige Form der Erörterung entscheiden

☑ Themafrage formulieren

2 Sammlung und Ordnung von Ideen

Bei jedem Erörterungstyp ist dieser Schritt gleich. Lesen Sie also bei Bedarf an weiteren Informationen auf Seite 18 bis 22 nach!

Schreiben Sie zunächst wieder alles auf, was Ihnen zu Amalia einfällt. Ihr Notizzettel könnte so aussehen:

Liebe zu Karl
Abneigung gegen Franz
Vergötterung des Geliebten – ist das echte Liebe?
Amalia – ein naives Dummchen?
Maximilian – wie ein Vater
Franz-Handlung
Karl-Handlung
Unglaubwürdig! A. erkennt Karl nicht!
Stimmige Figur?
Feindliche Brüder

Sicher kann Ihr Notizzettel noch andere Stichpunkte enthalten. Die Frage nach der Überzeugungskraft der Figur Amalia dürften Sie sich aber auf jeden Fall gestellt haben.

Versuchen wir also die Gedanken zu ordnen: Wesentlich für Amalia ist ihre Liebe zu Karl; es ist also sinnvoll, daraus einen Oberpunkt zu machen.

Beziehung zu Karl	*= Oberpunkt*
+ Verhalten in der Beziehung	*= Unterpunkt*
Vergötterung des Geliebten	*= Einzelaspekt*
A. erkennt den Geliebten nicht!	
+ Glaubwürdigkeit der Beziehung	*= Unterpunkt*

Besonders für die literarische Erörterung gilt: Es geht nicht darum, die zu untersuchende Figur oder das zu analysierende Werk in allen Facetten zu erfassen und darzustellen. Achten Sie lieber auf die überzeugende Darlegung von Einzelaspekten. Daher entscheidet auch nicht die Fülle von Gedanken über die Qualität der Arbeit, sondern ihre sinnvolle Zusammenstellung und sorgfältige Ausführung.

Fassen wir zusammen

Aus der Fülle von Ideen werden thematische Blöcke gebildet. Innerhalb der Blöcke ergibt sich eine Binnengliederung nach Ober- und Unterpunkten. Man fragt: Welche Gesichtspunkte sind übergeordnet, welche untergeordnet?
Bei dialektischen Themen werden die Gedanken zu zwei Blöcken zusammengefasst und nach Pro und Contra geordnet.

Checkliste

 Ideen sammeln und notieren

 Blöcke bilden

☑ Ober- und Unterpunkte finden

3 Erstellung einer Gliederung des Hauptteils

Nicht nur in unserem Beispiel, sondern bei linearen Erörterungen im Allgemeinen ist der Aufbau der Arbeit durch die Anordnung der Arbeitsanweisung schon vorgegeben. Für uns heißt das also, dass der erste Teil der Arbeit der Darstellung der Figur Amalia gewidmet ist, während man sich in einem zweiten Teil mit ihrer Funktion im Drama beschäftigt. Sie wissen bereits, dass diese Teile logisch ineinander greifen.

Für die äußere Form der Gliederung gibt es wieder die zwei Systeme, das numerische oder das alphanumerische (siehe Seite 25). Als Profi im Erörtern wäre es Ihnen natürlich nie in den Sinn gekommen, diese Systeme miteinander zu vermischen – trotzdem wollen wir es nicht versäumen, auf diese Gefahr hinzuweisen.

Achten Sie beim Durcharbeiten der folgenden Gliederung auf den jeweils letzten Unterpunkt: *Zusammenfassung der Ergebnisse*.
Ähnlich wie bei der Problemerörterung führt die Verfasserin den Leser immer wieder auf den gerade behandelten Teilaspekt der Themafrage zurück. Dies sichert die Ergebnisse für Verfasser und Leser.

So kann die Gliederung des Hauptteils für unser Beispielthema aussehen:

B   Darstellung und Funktion der Figur Amalia von Edelreich

I.   Darstellung der Figur

1. Analyse des Charakters
   a) Charaktereigenschaften und Verhalten
   b) Glaubwürdigkeit der dargestellten Persönlichkeit

2. Beziehungen Amalias
   a) zu Franz
   b) zu Maximilian von Moor

3. Weltsicht Amalias

4. Beziehung zu Karl
   a) Verhalten in der Beziehung
   b) Stimmigkeit der Liebesbeziehung

5. Zusammenfassung der Ergebnisse

II. Funktion Amalias für das Drama

    1. Bedeutung für die Handlungsstränge
       a) für die Franz-Handlung
       b) für die Karl-Handlung

    2. Funktion für die Charakterisierung von Franz und Karl

    3. Zusammenfassung der Ergebnisse

Fassen wir zusammen

In der Gliederung werden die geordneten Gesichtspunkte in eine steigernde Abfolge gebracht. Wir unterscheiden Ober- und Unterpunkte.
Bei mehrteilig-linearen Erörterungen müssen thematische Blöcke entsprechend den Einzelaspekten der Themafrage gebildet werden.
Bei dialektischen Themen bleibt die Entscheidung, welcher Block an den Schluss gestellt wird.
Eine Gliederung kann in ganzen Sätzen abgefasst werden oder in der erweiterten Stichwortform. Achtung: Keine Zitate in der Gliederung!

Checkliste

☑ Anhand der Themafrage Argumente prüfen

☑ Argumente sinnvoll anordnen

☑ Zitate aus der Gliederung entfernen

4 Ideen für die Einleitung

Auf den ersten Blick bereitet die Einleitung für die literarische Erörterung
Schwierigkeiten, weil persönliche Bezüge oder aktuelle Anlässe als Einstieg fast
immer ungeeignet sind. Einen seltenen Glücksfall stellen Ereignisse wie eine
Buchmesse oder der Besuch einer besonderen Theater-Inszenierung dar. So eine
Gelegenheit sollten Sie dann auch nutzen.

Ansonsten gilt: Die literarische Erörterung ist der Anfang des wissenschaftlichen
Arbeitens auf sprachlichem Gebiet. Deshalb ist es nicht nur legitim, sondern sogar
gefordert, Sekundärquellen zu Rate zu ziehen. Lexika, Literaturgeschichten und
Werk-Erläuterungen bieten eine Fülle von Anregungen für gute Einleitungen –
und Schlüsse.

Sie können jetzt natürlich einwenden, dass Ihnen solche Werke in einer Prüfung
nicht zur Verfügung stehen. Doch der kluge Mensch baut vor. Schließlich sollte
Ihnen bekannt sein, über welchen Autor und welches Werk Ihre Prüfung geschrie-
ben wird – außer beim Abitur, was ohnehin eine spezielle Vorbereitung verlangt.
Insgesamt sollten Sie aber im Fach Deutsch diverse Hilfsmittel bei der Arbeit zu
Hause nutzen.

Achten Sie speziell bei der literarischen Erörterung darauf, dass Sie Ihre – möglicherweise sogar auswendig gelernte – Einleitung organisch mit dem restlichen
Text verbinden. Eine weitere Klippe besteht im unterschiedlichen Sprachniveau
zwischen Sekundärliteratur und Schüleraufsatz. Hier ist Folgendes empfehlenswert: Merken Sie sich nur einige Daten und Fakten und bringen sie diese in der
Erörterung mit eigenen Worten zu Papier.

Möglichkeiten für eine gute Einleitung:

✗   Bezug auf Verfasser und Werk

✗   Nennung von Grundmotiven

✗   aktueller Einstieg (nur in seltenen Fällen, siehe oben)

✗   Bezug auf Epochentypisches (Form, Problem, Stoff)

✗   Wirkung auf Zeitgenossen und Nachwelt (auch als Schluss möglich)

✗   Hinweis auf unterschiedliche Werkdeutungen

✘ Darstellung einer Schwerpunktsetzung (mit Begründung, warum etwas nicht behandelt wird)

Lesen Sie jetzt, was eine Schülerin geschrieben hat. Sie wählt den Bezug auf Verfasser und Werk als Einstiegsmöglichkeit:

A Einleitung
Kurzinformation zu Autor und Werk sowie Stellung Amalias im Drama

> Das Drama „Die Räuber" stammt von Friedrich Schiller (1759 – 1805). Es entstand in seinen Jugendjahren um 1780 und löste bei den Zeitgenossen widersprüchliche Reaktionen aus.

Sie sehen also, dass der Beginn der Arbeit knapp und wenig aufwändig gestaltet werden kann. Damit ist allerdings nur der erste Teil der Arbeit geleistet, da die Einleitung einer literarischen Erörterung eine Sonderform der Einleitung darstellt.

Bei jeder Aufsatzart stellt sich die Frage nach dem Adressaten. Im Falle der literarischen Erörterung handelt es sich nicht um den Lehrer, der Kenntnis vom erörterten Werk hat. Gehen Sie vielmehr von einem fiktiven Leser aus. Dieser ist ein gebildeter Laie, der zum Verständnis der Arbeit eine Rekapitulation des Inhalts benötigt. Deshalb schließt sich an den ersten Teil der Einleitung eine knappe Inhaltswiedergabe an.

> Widersprüchlich ist auch die einzige Frau gezeichnet, die im Drama auftritt: Amalia von Edelreich ist die Geliebte Karl Moors und die Nichte des Grafen Maximilian von Moor. Durch Intrigen des Franz von Moor wird Karl aus Verzweiflung zum Räuber. Für ihn und Amalia gibt es keine Zukunft mehr. Am Ende des Dramas wird sie von Karl ermordet.

Natürlich folgt darauf eine kurze Überleitung zum Hauptteil:

> Selbst Friedrich Schiller nannte Amalia eine missglückte Figur. Im Folgenden soll untersucht und geprüft werden, ob sie nicht doch eine in sich stimmig konstruierte Frauenfigur ist und welche Funktion sie im Drama einnimmt.

Möglichkeiten für gelungene Überleitungen sind:

✗   Zugriff auf Thema und Nennung der Problemstellung (Themafrage)

✗   Hauptansatz der Arbeit

✗   knappe Strukturierung der zu beschreibenden Fragen und Probleme

In unserem Beispiel haben Sie gesehen, dass die Verfasserin die zu bearbeitenden Fragen und Probleme als Überleitung zum Hauptteil nennt.

Fassen wir zusammen

Die Einleitung lenkt das Interesse des Lesers auf das zu behandelnde Werk. Die ausgeführte Einleitung sollte knapp und klar sein, eine Kurzinformation über den Werkinhalt bieten und am Ende eindeutig die Themafrage aufgreifen, auf die sie gedanklich und sprachlich hinführt.

Checkliste

☑ **Art des Einstiegs wählen**

☑ **Inhalt zusammenfassen**

☑ **Themafrage formulieren**

---

 5 Schlussgedanken

Schon bei der Einleitung wurde darauf verwiesen, dass die Sekundärliteratur hilfreich sein kann beim Auffinden von Daten und Fakten für elegante Abrundungen der Erörterung.

Als Möglichkeiten für einen guten Schluss bieten sich an:

✗   Anknüpfung an die Einleitung

✗   Einordnung in einen größeren Zusammenhang

✗   Erweiterung der Themafrage

✗   Aktualisierung

✗   Wirkung auf Zeitgenossen und Nachwelt

Immer wieder wird auch eine persönliche Stellungnahme für den Schluss angeraten. Das kann jedoch sehr gefährlich werden, da eine persönliche Schlussbemerkung oft zu emotionalen und undifferenzierten Pauschalurteilen verführt. Peinlich wirkt ein Schluss wie:

> Mir hat das Buch gar nicht gefallen, weil …

Noch peinlicher ist es, den Autor zu loben:

> Schiller ist das Drama sehr gut gelungen, denn …

Die Verfasserin unseres Beispiels hat sich für eine Erweiterung des Themafrage als Schlussgedanken entschieden. Sie verbindet ihre Ausführungen mit der Frage, inwieweit Amalia und ihr Verhalten für den modernen Menschen von Aussagekraft ist:

C   Schluss
Amalia als moderne Frau und als Gegenstück zu Karl

> Es ist interessant sich zu überlegen, ob Amalia als eine moderne Frau gelten kann. Dann wäre sie das Gegenstück zum Revolutionär Karl. Meiner Meinung nach ist sie für eine Frau ihrer Zeit erstaunlich mutig und aktiv, denn sie lehnt sich im Privatbereich gegen den tyrannischen Franz auf. Nichts anderes versucht Karl gegenüber dem Staat. Deshalb passt sie, so denke ich, gut zu Karl, der sicher nichts mit einer gewöhnlichen und angepassten Frau anzufangen gewusst hätte. Amalia ist trotz ihrer Unstimmigkeiten eine faszinierende Frau.

┌─────────────── **Fassen wir zusammen** ───────────────┐

Im Schlussteil verabschiedet sich der Schreiber gewissermaßen vom Leser,
indem er das Thema etwas in die Ferne rückt. Man sieht das Denkergebnis vom
Hauptteil in einem größeren Zusammenhang, gewinnt also gegenüber dem
Hauptteil wieder einen kritischen Abstand.

└───┘

Checkliste

☑ **Bezug zur Einleitung schaffen**

☑ **Das Thema abrunden**

☑ **Distanz zum Thema gewinnen**

6 Vertextung des Hauptteils

Bei der Vertextung gehen Sie nach dem bereits bekannten Schema vor:

✗   Aufstellen der These

✗   Ausformulierung des Arguments

✗   Darstellung der allgemeinen Richtigkeit der Arguments
(= Begründung / Beleg)

✗   Anwendung der Begründung auf einen speziellen Fall (= Beispiel)

✗   Herstellung des Themabezugs

These   →   Argument   →   Beleg   →   Beispiel

Im Prinzip trifft dieses Schema auch auf die literarische Erörterung zu. An die Stelle der Beispiele treten Textbelege. Diese Textbelege können bestehen aus:

✗   direkten Textzitaten

✗   Paraphrasen, so genannten *indirekten Textzitaten*

✗   Textverweisen

Hinweise zum richtigen Zitieren können Sie im *Exkurs III* auf Seite 90 nachlesen.

Nehmen wir einen Gliederungspunkt und seine anschließende Vertextung aus unserem Beispielthema:

1. Analyse des Charakters
   a) Charaktereigenschaften und Verhalten

> Amalias Charakter ist ziemlich facettenreich. Sie hat viele Eigenschaften, die zwar als gegensätzlich erscheinen, sich aber nicht ausschließen. Sie tritt im Drama impulsiv, ja direkt ungestüm auf und versucht nicht ihre Gefühle zu beherrschen, vor allem dann, wenn es um Karl geht. Deutlich wird das in der Szene, als Hermann verkleidet zum alten Moor sagt: „Ich kannte Euren Sohn" (S. 48, Z. 24) und Amalia ihn nicht ausreden lässt, sondern vor lauter Freude wegrennen will (vgl. S. 48, Z. 25f.). Im Gegensatz dazu steht, dass Amalia grüblerisch ist, eine Schwärmerin, die gern allein ist (vgl. S. 76, Z. 25).

Es stellt sich hier also die Frage nach dem Charakter Amalias. Zunächst wird eine These aufgestellt:

> Amalias Charakter ist ziemlich facettenreich.

Daran schließt sich das Argument an:

> Sie hat viele Eigenschaften, die zwar als gegensätzlich erscheinen, sich aber nicht ausschließen.

Bekräftigt wird das Argument durch zwei Belege:

> Sie tritt im Drama impulsiv, ja direkt ungestüm
> auf …
>
> Im Gegensatz dazu steht, dass Amalia grüblerisch
> ist …

An die Stelle konkreter Beispiele werden Textzitate gesetzt:

> Deutlich wird das in der Szene, als Hermann verklei-
> det zum alten Moor sagt: „Ich kannte Euren Sohn"
> (S. 48, Z. 24) und Amalia ihn nicht ausreden lässt,
> sondern vor lauter Freude wegrennen will (vgl. S. 48,
> Z. 25f.).
>
> … eine Schwärmerin, die gern allein ist (vgl. S. 76,
> Z. 25).

Dieses Schema lässt sich nicht immer sklavisch durchhalten. Genau wie bei einer Problemerörterung, wo manche Behauptungen allgemein nachvollzogen werden können und daher keiner konkreten Beispiele bedürfen, gibt es bei der literarischen Erörterung Fälle, in denen Textbelege für mehrere Teilargumente gleichzeitig verwendet werden können.
Umgekehrt funktioniert dieses Verfahren allerdings nicht: Ein Zitat allein – ohne Kommentierung – ist kein Argument!

Fassen wir zusammen

Bei der Vertextung formulieren Sie zu jedem Gliederungspunkt ein oder mehrere Argumente. Dazu bringen Sie Belege für die Richtigkeit und anstelle eines Beispiels geeignete Zitate. Danach stellen Sie den Themabezug wieder her.

Checkliste

☑ Gliederungspunkte ausformulieren

☑ Geeignete Zitate finden

☑ Den Text durch Überleitungen vernetzen

Aufsatzbeispiel

Amalia – die einzige weibliche Protagonistin in Schillers „Die Räuber".

Untersuchen Sie die Figur der Amalia!
Welche Funktion hat sie im Drama?

Gliederung

A   Einleitung
Kurzinformation zu Autor und Werk sowie Stellung Amalias im Drama

B   Darstellung und Funktion der Figur Amalia von Edelreich

    I.   Darstellung der Figur

       1. Analyse des Charakters
          a) Charaktereigenschaften und Verhalten
          b) Glaubwürdigkeit der dargestellten Persönlichkeit

       2. Beziehungen Amalias
          a) zu Franz
          b) zu Maximilian von Moor

       3. Weltsicht Amalias

       4. Beziehung zu Karl
          a) Verhalten in der Beziehung
          b) Stimmigkeit der Liebesbeziehung

       5. Zusammenfassung der Ergebnisse

    II.   Funktion Amalias für das Drama

       1. Bedeutung für die Handlungsstränge
          a) für die Franz-Handlung
          b) für die Karl-Handlung

       2. Funktion für die Charakterisierung von Franz und Karl

       3. Zusammenfassung der Ergebnisse

C   Schluss
Amalia als moderne Frau und als Gegenstück zu Karl

....

Ausführung

Einstieg: Autor / Werk	Das Drama „Die Räuber" stammt von Friedrich Schiller (1759 – 1805). Es entstand in seinen Jugendjahren um 1780 und löste bei den Zeitgenossen widersprüchliche Reaktionen aus.
Themaanbindung	Widersprüchlich ist auch die einzige Frau gezeichnet, die im Drama auftritt:
Inhalt	Amalia von Edelreich ist die Geliebte Karl Moors und die Nichte des Grafen Maximilian von Moor. Durch Intrigen des Franz von Moor wird Karl aus Verzweiflung zum Räuber. Für ihn und Amalia gibt es keine Zukunft mehr. Am Ende des Dramas wird sie von Karl ermordet.
Überleitung	Selbst Friedrich Schiller nannte Amalia eine missglückte Figur.
Themafrage	Im Folgenden soll untersucht und geprüft werden, ob sie nicht doch eine in sich stimmig konstruierte Frauenfigur ist und welche Funktion sie im Drama einnimmt.
These	Amalias Charakter ist ziemlich facettenreich.
Argument	Sie hat viele Eigenschaften, die zwar als gegensätzlich erscheinen, sich aber nicht ausschließen.
Beleg	Sie tritt im Drama impulsiv, ja direkt ungestüm auf und versucht nicht ihre Gefühle zu beherrschen, vor allem dann, wenn es um Karl geht.
Beispiel	Deutlich wird das in der Szene, als Hermann verkleidet zum alten Moor sagt: „Ich kannte Euren Sohn" (S. 48, Z. 24) und Amalia ihn nicht ausreden lässt, sondern vor lauter Freude wegrennen will (vgl. S. 48, Z. 25f.).
Beleg / Beispiel	Im Gegensatz dazu steht, dass Amalia grüblerisch ist, eine Schwärmerin, die gern allein ist (vgl. S. 76, Z. 25).
Argument / Belege	Außerdem erscheint sie leichtgläubig, denn vieles, was man ihr erzählt, glaubt sie sofort und reagiert entsprechend. Franz von Moor versucht das auszunutzen, um Amalia für sich zu gewinnen, zum Beispiel, indem er Lügengeschichten über Karl erzählt. Dadurch möchte er Abscheu bei Amalia über dessen Taten erwecken (vgl. S. 35f.) Als Amalia die

....

Lügen aufdeckt, beginnt Franz sich wieder bei ihr einzuschmeicheln, sodass sie ihm sogar um den Hals fällt (vgl. S. 37f.).

Argument / Belege

Man könnte meinen, Amalia sei naiv, aber an einigen Stellen kommt auch ihre Intelligenz zum Vorschein. So weiß sie, dass Franz am Zerwürfnis zwischen Karl und dem alten Moor schuld ist, denn sie fragt Franz: „Was muss man tun, wenn man von ihm [= dem Grafen] verflucht sein will?" (S. 34, Z. 20f.). Umso erstaunlicher ist es, dass Amalia Franz etwas später die Lügengeschichten über Karl glaubt (vgl. ebd.).

Argument / Belege

Weitere Eigenschaften Amalias sind ihr Stolz, ihr Mut und ihre Tatkraft. Sie weist Franz' Werben um sie konsequent zurück und lässt sich auch durch Drohungen nicht beeindrucken (vgl. S. 77f.). Als Franz dann zu aufdringlich wird, bedroht sie ihn sogar mit dem Degen (vgl. S. 78, Z. 29ff.).

Argument

Ihr sonstiges Verhalten passt aber komischerweise nicht zu diesem beherzten Handeln.

Beleg

Amalia erfährt zwar von Hermann, dass Karl noch lebt (vgl. S. 79), unternimmt aber nichts um ihn wieder zu finden oder zumindest Kontakt mit ihm aufzunehmen. Das wäre nämlich die Chance, ihren Geliebten wieder bei sich zu haben und dadurch das Land von Franz von Moors tyrannischer Herrschaft zu befreien.

Weiterführung

Dazu passt, dass Amalia nicht durch Eigeninitiative, sondern durch die Räuber zu Karl gebracht wird.

Zusammenfassung

Amalias Charakter wirkt durch diese unterschiedlichen Verhaltensweisen uneinheitlich, da sie sich einmal sehr stark, mutig und entschlossen (vgl. III, 1), ein anderes Mal naiv und unentschlossen (vgl. I, 3) verhält. Aus diesem Grund werden dem Betrachter ihre Motive nicht klar. So ist es unverständlich, dass sie nichts für Karl tut, obwohl sie weiß, dass er noch lebt.

These

Dagegen wirken die Beziehungen Amalias zu Franz und dem alten Moor sehr klar und glaubwürdig.

Argument	Amalias Verhältnis zu Franz ist gespannt. Das liegt daran, dass sie ihn – zumindest teilweise – verantwortlich macht für ihre schlimme Lage.
Beleg / Beispiel	Außerdem geht sie nicht auf seine Anträge ein, da sie nur Karl liebt (vgl. S. 100, Z. 32ff.). Ihre Beziehung zum Grafen Maximilian hingegen ist sehr positiv, obwohl sie auch ihm anfangs wegen seinem strengen Verhalten Karl gegenüber zürnt (vgl. S. 34, Z. 6f.). Doch sie verzeiht ihm, da er schließlich wie sie den geliebten Karl verloren hat. Sie fragt ganz erstaunt: „Euch?", als der alte Moor sagt: „O fluche mir nicht!" (S. 46, Z. 16ff.). Amalia tröstet ihn sehr gefühlvoll und nennt ihn zärtlich Vater, während er Tochter zu ihr sagt (vgl. S. 52f.).
These	Interessant an der Figur Amalia ist auch ihre Weltsicht, die sicher stark durch ihre unerfüllte Liebe zu Karl beeinflusst ist.
Beispiele	So sagt sie zum Beispiel: „Es reift keine Seligkeit unter dem Monde" (S. 91, Z. 18f.) und „Alles lebt, um traurig wieder zu sterben. Wir interessieren uns nur darum, wir gewinnen nur darum, dass wir wieder mit Schmerzen verlieren." (S. 91, Z. 23ff.). Durch diese negative Sicht der diesseitigen Welt sehnt sie sich nach dem Tod und hofft auf die Ewigkeit, da ihr dies als die einzige Möglichkeit erscheint, wieder mit Karl vereint zu sein. Der Tod ist für sie „ein langer, ewiger, unendlicher Traum von Karl" (S. 47, Z. 9).
These / Argument	Nicht nur in ihrer Todessehnsucht, sondern auch in der Vergötterung ihres Geliebten zeigt Amalia extreme Verhaltensweisen.
Beleg / Beispiel	Sie stellt ihn unentwegt auf ein Podest und nennt ihn „Nachstrahl der Gottheit" (S. 105, Z. 2f.). Umso seltsamer ist es, dass Amalia ihren Geliebten, als er in der Verkleidung als Graf von Brand im Schloss erscheint, nicht erkennt, obwohl sie sich vom Grafen angezogen fühlt (vgl. S. 102f.). Amalia versucht verzweifelt der Anziehungskraft, die von Brand auf sie ausübt, zu widerstehen. Trotzdem ist sie enttäuscht, als sie von ihm erfährt, dass er eine Geliebte hat. Außerdem macht der verkleidete Karl Andeutungen, die auf seine Identität hinweisen und versucht

Amalia beizubringen, dass Karl vielleicht doch nicht der ideale Mann ist, für den sie ihn hält (vgl. S. 104, Z. 37ff.). Doch Amalia weigert sich, ihn zu erkennen und so bleibt Karl die Rückkehr zu ihr verwehrt. Sein Erklärungsansatz für dieses Verhalten besteht darin, dass Amalia ihn so sehr liebt und deshalb eine so hohe Meinung von ihm hat, dass er diesen Ansprüchen in der Realität nie genügen könnte. Deshalb hänge sie auch lieber ihren Träumen und Erinnerungen nach (vgl. S. 105).

Bezug zum Dramenschluss

Nimmt man Amalias Idealvorstellung von Karl und die Tatsache, dass Karl ihr niemals genügen kann, zusammen, so erklären sich auch die Umstände ihres Todes. Obwohl es einen Moment nach einer glücklichen Zukunft für beide aussieht, da sie Karl doch erkennt und wider Erwarten zu ihm hält (vgl. S. 134f.), muss Amalia verzichten. Sie muss nämlich akzeptieren, dass Karl an den Räuberschwur gebunden ist und dass in diesem Leben kein Platz für ihre Beziehung ist. Aus diesem Grund wählt sie den Tod wie Dido (vgl. S. 137, Z. 34); Karl kommt ihr jedoch zuvor und ermordet sie.

Zusammenfassung

Amalias Verhalten gegenüber Karl ist zwar weitgehend in sich schlüssig, widerspricht aber ihrem mutigen Verhalten bei Franz. Vielleicht lässt sich dieser Widerspruch so begründen, dass sich Amalia in Bezug auf Karl einfach vor der Realität versteckt. Dazu passt auch, dass Amalias Verhalten vor Karl oft unnatürlich und dadurch unglaubwürdig wirkt. Aus heutiger Sicht wirken Amalias Reaktionen einfach nicht überzeugend. Man kann sich kaum eine Frau vorstellen, die so überzogen reagiert.

Insgesamt kann man sagen, dass die Figur der Amalia zwar teilweise glaubwürdig und stimmig wirkt, zum Beispiel in der Beziehung zu Franz und Maximilian, aber gleichzeitig so viele Ungereimtheiten enthält, dass ein zwiespältiger Eindruck bleibt. Geht man davon aus, dass jemand wie Amalia auch in der Wirklichkeit so handelt wie dargestellt, so müsste man krankhaftes Verhalten unterstellen.

Überleitung	Eine weitere Erklärung für diese fehlende Stimmigkeit liegt vielleicht in Amalias Funktion für das Drama.
These	Amalia hat zwei unterschiedliche Funktionen für die beiden Handlungsstränge, die Karl- und die Franz-Handlung. Sie fungiert darüber hinaus als Bindeglied zwischen beiden und führt sie zusammen.
Argument / Beleg	Für die Geschehnisse um Franz ist Amalia wichtig, weil sie den Wendepunkt der Franz-Handlung darstellt. In den ersten zwei Akten erreicht Franz scheinbar alle seine Ziele: die Vorspiegelung von Karls Tod, den Tod des Vaters und die Erlangung der Herrschaft.
Beispiel	Nachdem aber Amalia ihn zurückweist (vgl. III, 1), geht es mit Franz stetig bergab. Es gelingt ihm nicht, den alten Grafen endgültig aus der Welt zu schaffen und er erkennt mit Schrecken Karl im Grafen Brand, sodass er sich – als er alles verloren sieht – erdrosselt (vgl. S. 130).
Beleg / Beispiel	Amalia führt die beiden Handlungsstränge zusammen, denn aufgrund der Erinnerung an die Geliebte kehrt Karl zurück.
These	Das ist auch ihre Funktion für die Karl-Handlung. Durch ihre bloße Anwesenheit in Karls Gedanken und die Rückerinnerung, angeregt durch die Kosinsky-Geschichte (vgl. S. 86ff.), kommt Karl in die Heimat zurück.
Ausführung	So nimmt die Tragödie ihren Lauf, an deren Ende Franz, der alte Moor und Amalia sterben. Außerdem wird Amalias Tod am Schluss notwendig, denn durch diesen Tod kauft sich Karl gewissermaßen von seinem Schwur gegenüber den Räubern frei und kann sich der Justiz stellen (vgl. S. 138f.).
These / Argument	Eine weitere Funktion Amalias besteht darin, dass sie bei der Charakterisierung der verfeindeten Brüder ihre Unterschiede unterstreicht und den Konflikt verstärkt.
Beleg	Karl wird durch seine Liebesbeziehung zu Amalia verletzlicher und menschlicher dargestellt, da seine Liebe die Unvereinbarkeit von ehrenvollem Leben und Räubertum offenbart (vgl. IV, 4; V, 2).

Beleg	Von Franz dagegen stellt Amalia nur die negativen Eigenschaften heraus: seine Hinterhältigkeit, Brutalität und Gemeinheit (vgl. III, 1).
Zusammenfassung	Zusammenfassend kann man sagen, dass die Figur der Amalia wichtige Aspekte beider Handlungsstränge unterstreicht und sie zusammenführt. Diese doppelte Funktion ist auch ein Grund für die fehlende Stimmigkeit der Frauenfigur.
Erweiterung der Themafrage	Es ist interessant sich zu überlegen, ob Amalia als eine moderne Frau gelten kann. Dann wäre sie das Gegenstück zum Revolutionär Karl. Meiner Meinung nach ist sie für eine Frau ihrer Zeit erstaunlich mutig und aktiv, denn sie lehnt sich im Privatbereich gegen den tyrannischen Franz auf. Nichts anderes versucht Karl gegenüber dem Staat. Deshalb passt sie, so denke ich, gut zu Karl, der sicher nichts mit einer gewöhnlichen und angepassten Frau anzufangen gewusst hätte. Amalia ist trotz ihrer Unstimmigkeiten eine faszinierende Frau.

Exkurs III – Korrektes Zitieren

Für die literarische Erörterung auf der Basis eines Primärtextes ist es wichtig, dass Sie einzelne Belegstellen auch formal richtig in Ihren Aufsatz einbauen. Die folgenden Tipps helfen Ihnen beim korrekten Zitieren. Zunächst einige allgemeine Hinweise:

✗   Das Zitat ist kein Selbstzweck. Wählen Sie daher knappe und prägnante Zitate, um Ihre Behauptungen zu untermauern! Ihr Argument wird nicht besser, wenn Sie halbe Seiten abschreiben, denn der Leser muss dann überlegen, welcher Teil des Zitats eigentlich Ihr Argument stützen soll. Es gilt also: Weniger ist mehr!

✗   Zitieren Sie andererseits nicht zu knapp. Das Zitat muss in sich verständlich sein: Der Leser soll nicht im Original nachblättern müssen, um die Textstelle zu verstehen.

✗   Sie müssen nicht alles wörtlich zitieren. Es gibt auch die Möglichkeit des indirekten Zitats. Hier werden Äußerungen von Figuren sinngemäß und zusammenfassend wiedergegeben. Bei der Darstellung größerer Zusammenhänge oder bekannter Textstellen arbeiten Sie am besten mit Textverweisen.

✗   Wenn Sie wörtlich zitieren, dann ohne Änderungen und in Anführungszeichen. Gehen Sie davon aus, dass Ihr Leser die Zitate auf Richtigkeit überprüft.
    Beachten Sie: Sie müssen die Rechtschreibung des Originaltextes übernehmen!

✗   Selbstverständlich sollte sein, dass Textstellen weder aus dem Zusammenhang gerissen noch verfälscht werden. Beispiel: Durch die simple Auslassung eines *nicht* ändert sich der Sinn einer Textstelle grundlegend.

✗   Bauen Sie kurze wörtliche Zitate (einzelne Wörter oder Satzbruchstücke) in Ihren eigenen Satz ein, sodass dieser ein sinnvolles Ganzes ergibt. Dabei ist es legitim, Grammatik und Syntax der eigenen Satzkonstruktion anzupassen. Dafür gibt es genaue Regeln (siehe weiter unten).

✗   Vorsicht Falle: Vermeiden Sie die leider weit verbreitete Unsitte, Zitate in Klammern an das Ende der Argumentation zu kleben. Zitate müssen in den Textfluss integriert werden.

Im Folgenden wichtige Tipps zur Technik des Zitierens:

➤➤ Wörtliches Zitieren

Die zitierte Stelle platzieren Sie zwischen Anführungszeichen. Falls Sie die zitierte Textstelle an den Schluss Ihres selbst formulierten Satzes stellen, steht davor ein Doppelpunkt. Geben Sie alle Fundstellen genau mit Seitenangabe und Zeilenangabe an! In der Regel wird die Fundstelle dem Zitat in Klammern nachgestellt:

(S. 25, Z. 18)

Handelt es sich um mehrere zitierte Zeilen, so gibt es verschiedene Möglichkeiten:

(S. 25, Z. 18 – 22)	das ist eindeutig
(S. 25, Z. 18f.)	wenn die Zeilen 18 und 19 zitiert werden
(S. 25, Z. 18ff.)	wenn Zeile 18 und die nachfolgenden Zeilen zitiert werden

Auslassungen innerhalb des Zitats werden durch (…) angezeigt, eigene Zusätze stehen in [eckigen Klammern]. Auslassungen werden notwendig, wenn ein Zitat zu lang ist und Sie nicht benötigte Passagen herauskürzen wollen. Eigene Zusätze werden eingefügt, weil die zitierte Stelle im Original nicht in den Satzzusammenhang passt. Originalzitat und Veränderung können so auf einen Blick voneinander unterschieden werden:

> Er liebt das Schachspiel, da, wie Faber behauptet,
> „man Stunden lang nichts zu reden braucht (…)
> und es keineswegs unhöflich [ist], wenn man kein
> Bedürfnis nach persönlicher Bekanntschaft zeigt"
> (S. 23).

Auch wenn abschließende Satzzeichen im Zitat vorkommen, muss Ihr Satz nach dem Anführungszeichen oben dennoch mit einem passenden Satzzeichen beendet werden.

Wird ein Zitat unterbrochen, so stehen die einzelnen Zitatteile zwischen Anführungszeichen, der Einschub zwischen Kommata:

> „Ihr könnt nach Hause gehen", sagt Marianne
> an dieser Stelle, „wann immer Ihr wollt" (S. 15,
> Z. 30f.).

➤➤ Indirektes Zitieren

Wenn Sie nur sinngemäß zitieren, so wird die Textstelle mit *vgl.* angegeben:

> Im Gegensatz dazu steht, dass Amalia grüblerisch ist, eine Schwärmerin, die gern allein ist (vgl. S. 76, Z. 25).

Ebenso wird verfahren, wenn man auf eine längere Textpassage verweist:

> (vgl. S. 75 – 78)

Wollen Sie bei einem Drama auf eine ganze Szene verweisen, so können Sie eine Kurzform verwenden:

> Amalias Charakter wirkt durch diese unterschied-lichen Verhaltensweisen uneinheitlich, da sie sich einmal sehr stark, mutig und entschlossen (vgl. III, 1), ein anderes Mal naiv und unentschlossen (vgl. I, 3) verhält.

➤➤ Sonstiges zum korrekten Zitieren

Zitieren Sie mehrfach hintereinander und ohne Unterbrechung von der gleichen Seite, so ist es üblich, die Seitenzahl zu ersetzen. Das geht so:

ebd.   = ebenda
a.a.O.   = am angegebenen Ort
ibd.   = ibidem

Um Ihre eigenen Einfügungen deutlich als solche zu kennzeichnen, schreiben Sie auch erklärende Zusätze in eckige Klammern:

> Man könnte meinen, Amalia sei naiv, aber an einigen Stellen kommt auch ihre Intelligenz zum Vorschein. So weiß sie, dass Franz am Zerwürfnis zwischen Karl und dem alten Moor schuld ist, denn sie fragt Franz: „Was muss man tun, wenn man von ihm [= dem Grafen] verflucht sein will?" (S. 34, Z. 20f.).

Um allzu lange Quellenangaben zu vermeiden, können Sie Abkürzungen verwenden. Diese müssen natürlich an einer Stelle des Aufsatzes erklärt werden:

> (BW, S. 41, Z. 30)

BW bedeutet: *Georg Büchner, Woyzeck.*

4 Die literarische Erörterung – dialektische Form für Fortgeschrittene

In der Sekundarstufe II spielt die Behandlung des modernen Romans eine wesentliche Rolle. Es gibt aber eine Vielzahl von Romanen, die sowohl sprachlich als auch inhaltlich als Klassenlektüre ungeeignet sind. Deshalb greifen Deutschlehrer oft auf Bewährtes zurück. Max Frischs *Homo Faber* gehört dazu. Walter Fabers Wandlung ist eine der häufig diskutierten Fragestellungen dieses Werks.

> Walter Faber ist am Ende seines Berichts ein anderer Mensch als zu Beginn.
>
> Diskutieren Sie die Stimmigkeit dieser Aussage anhand geeigneter Einstellungen und Verhaltensweisen Fabers!

1 Erfassung des Themas

Das Thema beginnt mit einer Behauptung: Walter Faber, die Hauptfigur in Max Frischs Roman, verändert sich im Handlungsverlauf. Die Schlüsselwörter sind Walter Faber, Ende und ein anderer Mensch.
Was ist nun mit dieser Behauptung zu tun? Die anschließende Arbeitsanweisung fordert Sie zur kritischen Untersuchung auf. Die Schlüsselwörter dafür sind diskutieren, Stimmigkeit sowie Einstellungen und Verhaltensweisen.

Das Schlüsselwort *diskutieren* weist auf eine dialektische Form der Erörterung hin. Durch *Stimmigkeit* wird das noch bekräftigt. *Einstellungen und Verhaltensweisen* geben schon Aspekte der Untersuchung vor.

Die Themafrage lautet also:

> Hat sich Walter Faber am Ende seines Berichts verändert oder nicht?
>
> Welche Einstellungen und Verhaltensweisen sprechen dafür, welche dagegen?

Somit ist auch an der Themafrage erkennbar, dass dieses Thema einen klassischen dialektischen Aufbau aufweisen sollte. Wie dieses Schema allerdings auch in der literarischen Erörterung variiert werden kann, sehen Sie an der Gliederung.

2 Sammlung und Ordnung von Ideen

Da es um Fabers Einstellungen und Verhaltensweisen gehen soll, müssen Sie folgende Aspekte unbedingt berücksichtigen:

✗   Fabers Verhältnis zu Frauen

✗   Fabers Technikbegriff und Weltverständnis

✗   Fabers Verhältnis zu Natur und Körperlichkeit

✗   Fabers Gefühlsleben

3 Erstellung einer Gliederung des Hauptteils

Beim ersten Blick auf das Gliederungsbeispiel werden Sie kaum einen Unterschied zur linearen Form feststellen. Bei näherem Hinsehen erkennen Sie jedoch innerhalb der Blöcke Gegensatzpaare (*zunächst – später, Ablehnung – positive Betrachtung*). Hierin liegt die Dialektik des gewählten Aufbaus. Der Verfasser des Aufsatzbeispiels ordnet seine Oberpunkte thematisch und nicht nach These und Antithese. Erst auf der Ebene der Unterpunkte erfolgt eine antithetische Anordnung. Dieses Modell nennt man *dialogisch*. Übrigens werden dadurch auch Wendeargumente unmöglich gemacht.

Literarische Erörterungen sind stärker themenbezogen als Problemerörterungen. Deshalb müssen Sie bei jedem Thema individuell entscheiden, ob es nicht sinnvoller ist, vom bekannten Gliederungsmuster abzurücken. Es ist aber wichtig, dass Sie die gewählte Anordnung der Argumente in jedem Fall durchhalten – sie muss in sich logisch sein!

Lesen Sie nun das folgende Gliederungsbeispiel:

B   Fabers Einstellungen und Verhaltensweisen im Verlauf der Handlung

    I.   Verhalten gegenüber Frauen und Mitmenschen

        1. Zunächst bewusste Abschottung gegenüber allen Menschen

        2. Später freiwillige Suche nach Kontakt

    II. Haltung zum Metaphysischen

        1. Erklärung der Welt durch Statistik und Wahrscheinlichkeit

        2. Am Schluss keine generelle Ablehnung einer überirdischen Instanz

    III. Verhältnis zur Natur

        1. Beruflich bedingte Ablehnung vor der Bekanntschaft mit Sabeth

        2. Positive Betrachtung der Natur nach der Bekanntschaft mit Sabeth

    IV. Einstellung zum Leben allgemein

        1. Rationalistische und einseitige Weltsicht vor der Kuba-Episode

        2. Zulassen von Gefühlen nach Kuba

    V.   Beurteilung von Fabers Persönlichkeitswandel: kein völliger Wandel, Erhalt von Grundeinstellungen

Es ist Ihnen sicher aufgefallen, dass der Gliederungspunkt V. nicht mehr unterteilt ist. Das liegt daran, dass es sich um eine Art Synthese handelt, was am Begriff *Beurteilung* ablesbar ist.

4 + 5   Einleitung und Schluss

Arbeiten Sie zunächst selbstständig das folgende Beispiel durch:

A   Einleitung
Kurze Einführung zu Autor und Werk sowie Zusammenfassung
der Handlung

Der Schweizer Schriftsteller Max Frisch wurde am
15. Mai 1911 in Zürich geboren und starb dort am
4. April 1991. Er wurde durch Werke wie „Biedermann und die Brandstifter", „Andorra" oder
„Stiller" bekannt. In seinem Roman „Homo Faber"
geht es um die Auseinandersetzung Frischs mit dem
neuen Menschentypus des Technikers.

Durch Aufzeichnungen in einem Hotel in Caracas
und kurz vor seiner wahrscheinlich aussichtslosen
Operation in einem Athener Krankenhaus rekonstruiert der Ingenieur Walter Faber entscheidende
Situationen und Ereignisse seines Lebens. Eine Reihe
von Vorfällen, die Faber immer als Zufälle abtut,
werfen den Rationalisten aus der Bahn seines
gewohnten, von der Technik dominierten Lebens.

Auf einem Flug nach Caracas, den er in Ausübung
seiner Funktion als Mitarbeiter der UNESCO macht,
lernt er den Bruder eines Freundes aus seiner
Jugendzeit kennen. Durch ihn gelangt er nach
Guatemala, wo er seinen alten Freund tot auffindet,
wodurch er jedoch kaum berührt wird. Dann aber
verliebt er sich auf einer Schiffsreise nach Europa in
ein kaum zwanzigjähriges Mädchen, Sabeth. Sie ist
die Tochter von Hanna, die er vor 20 Jahren aus
beruflichen Gründen verlassen hatte. Er macht sie –
ohne zu wissen, dass er Sabeths Vater ist – zu seiner
Geliebten und begleitet sie nach Italien und
Griechenland, wo Sabeth tödlich verunglückt. In
Athen bestätigt Hanna, die Faber dort antrifft, seine
Vorahnungen, dass er der Vater des jungen Mädchens ist. Danach macht Walter Faber, in dessen
Leben vorher Gefühle, Religion sowie alles Irrationale
niemals Platz gefunden hatten, einen Wandel durch.

> Im Folgenden soll nun erörtert werden, ob dieser
> Wandel tatsächlich alle Lebensbereiche und Einstel-
> lungen Fabers erfasst. Es fragt sich aber, ob die
> Änderungen in Fabers Verhalten für einen grund-
> sätzlichen Wandel seiner Persönlichkeit sprechen
> oder nicht.

Daran schließt sich eine Aussage zur Vorgehensweise an:

> Diese Frage soll anhand thematischer Blöcke geklärt
> werden.

Diese Einleitung mag Ihnen sehr lang erscheinen; sie ist aber im Verhältnis zur
Gesamtlänge des Aufsatzes angemessen. Es handelt sich schließlich um einen
Aufsatz aus einer Abschlussklasse. Außerdem werden Sie gleich sehen, dass diese
Einleitung zum Großteil aus einer Inhaltswiedergabe besteht.

> Der Schweizer Schriftsteller Max Frisch wurde am
> 15. Mai 1911 in Zürich geboren und starb dort am
> 4. April 1991. Er wurde durch Werke wie „Bieder-
> mann und die Brandstifter", „Andorra" oder
> „Stiller" bekannt. In seinem Roman „Homo Faber"
> geht es um die Auseinandersetzung Frischs mit dem
> neuen Menschentypus des Technikers.

Nur wenige Zeilen zu Autor und Werk – dennoch schafft es der Verfasser, Frischs
Leben und Werk zu umreißen sowie eine der wesentlichen Thematiken von
„Homo Faber" anzusprechen. Danach folgt eine der knappe, aber sehr präzise
Inhaltswiedergabe des Romans:

> Durch Aufzeichnungen in einem Hotel in Caracas
> und kurz vor seiner wahrscheinlich aussichtslosen
> Operation in einem Athener Krankenhaus rekonstru-
> iert der Ingenieur Walter Faber entscheidende
> Situationen und Ereignisse seines Lebens. Eine Reihe
> von Vorfällen, die Faber immer als Zufälle abtut,
> werfen den Rationalisten aus der Bahn seines
> gewohnten, von der Technik dominierten Lebens.
>
> Auf einem Flug nach Caracas, den er in Ausübung
> seiner Funktion als Mitarbeiter der UNESCO macht,
> lernt er den Bruder eines Freundes aus seiner
> Jugendzeit kennen. Durch ihn gelangt er nach

> Guatemala, wo er seinen alten Freund tot auffindet, wodurch er jedoch kaum berührt wird. Dann aber verliebt er sich auf einer Schiffsreise nach Europa in ein kaum zwanzigjähriges Mädchen, Sabeth. Sie ist die Tochter von Hanna, die er vor 20 Jahren aus beruflichen Gründen verlassen hatte. Er macht sie – ohne zu wissen, dass er Sabeths Vater ist – zu seiner Geliebten und begleitet sie nach Italien und Griechenland, wo Sabeth tödlich verunglückt. In Athen bestätigt Hanna, die Faber dort antrifft, seine Vorahnungen, dass er der Vater des jungen Mädchens ist. Danach macht Walter Faber, in dessen Leben vorher Gefühle, Religion sowie alles Irrationale niemals Platz gefunden hatten, einen Wandel durch.

Daran schließt sich die Themafrage an:

> Im Folgenden soll nun erörtert werden, ob dieser Wandel tatsächlich alle Lebensbereiche und Einstellungen Fabers erfasst. Es fragt sich aber, ob die Änderungen in Fabers Verhalten für einen grundsätzlichen Wandel seiner Persönlichkeit sprechen oder nicht.
> Diese Frage soll anhand thematischer Blöcke geklärt werden.

Der Schluss einer literarischen Erörterung sollte nicht unnötig verlängert werden, weil eine Zusammenfassung der Ergebnisse schon stattgefunden hat und die Äußerung einer persönlichen Meinung „unwissenschaftlich" ist. Sollten Sie bei einem bestimmten Thema den Eindruck haben, dass alles gesagt ist, so beenden Sie Ihre Arbeit mit einer eher kurzen Schlussbemerkung, wie es der Verfasser unseres Beispiels gemacht hat:

C   Schluss
Einschätzung von grundsätzlichen Wandlungsmöglichkeiten eines Menschen wie Faber

> Ein totaler Wandel Fabers wäre also unwahrscheinlich. Solch einen Menschen, der über Jahrzehnte hinweg nur seine eigenen Ansichten gelten ließ und der alles, was diesen widersprach, als Unsinn abqualifizierte, bringen auch so schwer wiegende Ereig-

> nisse, wie Faber sie durchleben muss, nicht mehr
> wirklich dazu, grundlegende Denkmuster zu ändern.

Der Verfasser schließt hier vom Verhalten einer Romanfigur auf allgemein menschliche Befindlichkeiten. Insofern stellt er die Figur des Walter Faber in einen größeren Zusammenhang.

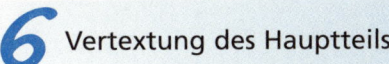

6 Vertextung des Hauptteils

Da Sie nun schon ein richtiger Erörterungsprofi geworden sind, wird es Ihnen sicherlich nicht schwer fallen, selbst eine gute Ausarbeitung der Oberpunkte vorzunehmen. Versuchen Sie es also und lesen Sie erst danach das Aufsatzbeispiel.

Aufsatzbeispiel

Walter Faber ist am Ende seines Berichts ein anderer Mensch als zu Beginn.

Diskutieren Sie die Stimmigkeit dieser Aussage anhand geeigneter Einstellungen und Verhaltensweisen Fabers!

Gliederung

A   Einleitung
Kurze Einführung zu Autor und Werk sowie Zusammenfassung
der Handlung

B   Fabers Einstellungen und Verhaltensweisen im Verlauf der Handlung

I.   Verhalten gegenüber Frauen und Mitmenschen

1.   Zunächst bewusste Abschottung gegenüber allen Menschen

2.   Später freiwillige Suche nach Kontakt

II.   Haltung zum Metaphysischen

1.   Erklärung der Welt durch Statistik und Wahrscheinlichkeit

2.   Am Schluss keine generelle Ablehnung einer überirdischen Instanz

III.   Verhältnis zur Natur

1.   Beruflich bedingte Ablehnung vor der Bekanntschaft mit Sabeth

2.   Positive Betrachtung der Natur nach der Bekanntschaft mit Sabeth

IV.   Einstellung zum Leben allgemein

1.   Rationalistische und einseitige Weltsicht vor der Kuba-Episode

2.   Zulassen von Gefühlen nach Kuba

V.   Beurteilung von Fabers Persönlichkeitswandel: kein völliger Wandel,
Erhalt von Grundeinstellungen

C   Schluss
Einschätzung von grundsätzlichen Wandlungsmöglichkeiten
eines Menschen wie Faber

Ausführung

Einstieg: Autor / Werk

Der Schweizer Schriftsteller Max Frisch wurde am 15. Mai 1911 in Zürich geboren und starb dort am 4. April 1991. Er wurde durch Werke wie „Biedermann und die Brandstifter", „Andorra" oder „Stiller" bekannt. In seinem Roman „Homo Faber"geht es um die Auseinandersetzung Frischs mit dem neuen Menschentypus des Technikers.

Inhalt

Durch Aufzeichnungen in einem Hotel in Caracas und kurz vor seiner wahrscheinlich aussichtslosen Operation in einem Athener Krankenhaus rekonstruiert der Ingenieur Walter Faber entscheidende Situationen und Ereignisse seines Lebens. Eine Reihe von Vorfällen, die Faber immer als Zufälle abtut, werfen den Rationalisten aus der Bahn seines gewohnten, von der Technik dominierten Lebens.

Auf einem Flug nach Caracas, den er in Ausübung seiner Funktion als Mitarbeiter der UNESCO macht, lernt er den Bruder eines Freundes aus seiner Jugendzeit kennen. Durch ihn gelangt er nach Guatemala, wo er seinen alten Freund tot auffindet, wodurch er jedoch kaum berührt wird. Dann aber verliebt er sich auf einer Schiffsreise nach Europa in ein kaum zwanzigjähriges Mädchen, Sabeth. Sie ist die Tochter von Hanna, die er vor 20 Jahren aus beruflichen Gründen verlassen hatte. Er macht sie – ohne zu wissen, dass er Sabeths Vater ist – zu seiner Geliebten und begleitet sie nach Italien und Griechenland, wo Sabeth tödlich verunglückt. In Athen bestätigt Hanna, die Faber dort antrifft, seine Vorahnungen, dass er der Vater des jungen Mädchens ist. Danach macht Walter Faber, in dessen Leben vorher Gefühle, Religion sowie alles Irrationale niemals Platz gefunden hatten, einen Wandel durch.

Themafrage

Im Folgenden soll nun erörtert werden, ob dieser Wandel tatsächlich alle Lebensbereiche und Einstellungen Fabers erfasst. Es fragt sich aber, ob die Änderungen in Fabers Verhalten für einen grundsätzlichen Wandel seiner Persönlichkeit sprechen oder nicht.

Diese Frage soll anhand thematischer Blöcke geklärt werden.

These / Argument

Am augenscheinlichsten – gleichzeitig aber auch am oberflächlichsten – zeigt sich die Veränderung des Protagonisten im Verhalten gegenüber seinen Mitmenschen.

Beleg

Anfänglich ist Walter Faber ein absoluter Einzelgänger. Er ist überhaupt nicht auf der Suche nach Bekanntschaft mit anderen Menschen, er schüttelt sogar jeden Versuch der Kontaktaufnahme anderer rigoros ab.

Beispiel

Dies zeigt sich beispielsweise direkt zu Beginn der Handlung: Als ihm auf dem Flug nach Caracas sein Sitznachbar Zigaretten anbietet, lehnt er ab und raucht seine eigenen, nimmt seine Zeitung. Seinerseits besteht „keinerlei Bedürfnis nach Bekanntschaft" (S. 8).

Beispiel

Er liebt das Schachspiel, da, wie Faber behauptet, „man Stunden lang nichts zu reden braucht (…) und es keineswegs unhöflich [ist], wenn man kein Bedürfnis nach persönlicher Bekanntschaft zeigt" (S. 23).

Beleg / Beispiele

Im Bezug auf Frauen verhält sich Faber äußerst eigenartig. Er lehnt Heirat grundsätzlich ab (vgl. S. 7, 31, 33) und ist unfähig, Frauen gegenüber Gefühle zu zeigen. Er beendet das Verhältnis mit Ivy, weil er „nicht verliebt ist" (S. 59). Seine Gefühllosigkeit dieser Frau gegenüber wird deutlich, als er sagt: „(…) und es ekelte mich ihre Zärtlichkeit, ihre Hand auf meinem Knie (…) es war unerträglich (…)" (S. 62). An anderer Stelle sagt er, dass „(…) drei oder vier Tage zusammen mit einer Frau (…) für mich offen gestanden stets der Anfang der Heuchelei" (S.91) seien.

Bezug zum Argument

Im Verhältnis zu Frauen ist sein Drang zum Alleinsein deutlich zu erkennen. Alle Frauen sind für ihn gleichbedeutend mit Ivy, deren englischer Name mit „Efeu" zu übersetzen ist. Er setzt sie also gleich mit einer Schlingpflanze, die ihn umfängt, einschnürt und so seiner Freiheit beraubt. Immer wieder fordert er: „Ich will alleine sein!" (S. 91).

Argument	Sein Wandel im Bezug auf Frauen beginnt, als er auf seiner Schiffsreise nach Europa auf Sabeth aufmerksam wird.
Beleg	Er findet sie „schön, aber nicht aufreizend. Nur sehr schön!" (S. 87). Später bezeichnet er dann auch seine Jugendfreundin Hanna als „noch immer sehr schön (…), ich meine liebenswert (…)" (S. 79).
Beleg	Noch später – auf Kuba – sucht er direkten Kontakt zu Frauen, als er sich einfach zu einem fremden Mädchen setzt und es anspricht (vgl. S. 179). Außerdem steht er jetzt dem Heiraten positiv gegenüber. Er ist sich sicher: „Ich werde Hanna heiraten" (S. 165).
Argument / Beleg	Auch das Verhältnis zu den Südamerikanern ändert sich. Hat er sie früher nur als primitiv und unterentwickelt eingeschätzt, so spricht er jetzt von ihnen als „lauter schöne[n] Mädchen, auch die Männer sehr schön, lauter wunderbare[n] Menschen (…)" (S. 173). Mit ihnen möchte er nun Bekanntschaft machen. Ersichtlich wird dies, als er sich mit einem kleinen Schuhputzerjungen von sich aus über Automarken unterhält (vgl. S. 176).
These / Argument	Wie aber sieht es mit Fabers Verhältnis zum Unerklärlichen aus? Faber ist ein Rationalist. Für ihn ist das gesamte Leben nach Berechnung, Statistik und Wahrscheinlichkeit festgelegt.
Beispiele	Das Unwahrscheinliche erklärt er sich als „Grenzfall des Möglichen" (S. 22) und als Zufälle. Er lässt „(…) das Unwahrscheinliche als Erfahrungssache gelten (…)", er braucht „Mathematik, keine Mystik" (S. 22). Kurz darauf verweist er auf Bücher, deren Titel seine Ansichten genau wiedergeben. Mystisches kann er nicht ertragen, da er „mit beiden Beinen auf der Erde steht" (S. 47). Deshalb ist er auch kein „Spiritist und Baptist" (S. 80). Genauso wenig glaubt er als Naturwissenschaftler an Schicksal und Fügung. Daher rührt seine mangelnde Auseinandersetzung mit seiner eigenen Vergangenheit und seiner eventuellen Schuld am Inzest und am Tod seiner Tochter, denn er tut dies als „eine ganze Kette von Zufällen" (S. 22) ab.

Beleg / Beispiele	Ebenso hält er nichts von Religion. Er findet es geradezu eine Dummheit von den Mayas, aus religiösen Gründen ihre Städte zu verlassen und wegzuwandern (vgl. S. 44). Er verachtet Menschen wie den Künstler Marcel, der die „Götterfratzen" (S. 42) abzeichnet.
Argument / Beleg	Aber auch in der Haltung zum Metaphysischen lässt sich eine gewisse Änderung feststellen. Allein die Tatsache, dass er sich im Gespräch mit Juana in Kuba nach ihrer Einstellung zu Göttern und Dämonen erkundigt, zeigt, dass er dieses Thema nicht mehr von Grund auf ablehnt (vgl. S. 180).
Einschränkung + Belege	Jedoch ändert sich nichts an seinem Glauben an die Statistik. Als Sabeth von einer Schlange gebissen wird, hält er Hanna einen Vortrag über die Wahrscheinlichkeit, laut der „die Mortalität bei Schlangenbissen nur drei bis zehn Prozent" (S. 135) betrage. Das gleiche Vertrauen in die Statistik lässt sich kurz vor seiner Operation feststellen, die laut Faber „in 94,6 von hundert Fällen" (S. 164) gelinge. Eine offene und ehrliche Auseinandersetzung mit seiner Vergangenheit vermeidet er wegen seines immer noch unerschütterten Glaubens an die Naturwissenschaften.
These / Argument	Dieser Gedanke lässt sich in seinem Verhältnis zur Natur weiterführen – denn auch dieses bleibt ambivalent. Walter Faber steht der Natur anfänglich scheinbar ziemlich gleichgültig gegenüber.
Beleg / Beispiele	Er sieht sie nicht als schönes Erlebnis, sondern sucht als Techniker sofort physikalische Erklärungen für Naturerscheinungen. Er sieht die Dinge „wie sie sind" (S. 24), durch sein Kamera-Objektiv, so zum Beispiel den Sonnenuntergang (vgl. S. 72), merkt dabei aber nicht, dass er dadurch eine eingeschränkte Perspektive hat. Der Mond ist für ihn „(…) eine errechenbare Masse, die um unseren Planeten kreist, eine Sache der Gravitation, interessant, aber wieso ein Erlebnis?" (S. 24). Die Natur ist für Faber „nicht phantastisch, sondern erklärlich" (ebd.). Deshalb beschreibt er Natur-Erscheinungen mit technischem Vokabular: „(…) und wo die Sonne sich spiegelt,

glitzert es wie Lametta beziehungsweise wie Stanniol, jedenfalls metallisch (…)" (S. 18). Er muss als Techniker gegen die bedrohliche Natur ankämpfen; dies zeigt sich, als Regenfälle den kurz zuvor zerlegten Motor auf der Plantage der Henckes überfluten und Faber einen Tag lang jedes Einzelteil aus dem Schlamm zu graben versucht (vgl. S. 168). Der Mensch muss seiner Meinung nach Herr über die Natur werden, indem er ihr Fortpflanzung und Tod aus der Hand nimmt (vgl. S. 106). Deswegen steht er der Natur, besonders wenn er ihr trotz Technik schutzlos ausgeliefert ist, feindselig gegenüber. Er bezeichnet Sonne und Mond als „schleimig" (S. 34, 44). Mit der Zeit assoziiert er immer öfter in zwanghafter Weise Obszönes mit Naturerscheinungen, zum Beispiel dann, als er sich im Urwald von Mexiko befindet: „Luftwurzeln (…) glänzten wie Eingeweide" (S. 69). Eine weitere grässliche Beschreibung der Natur liefert er auf S. 68: „Tümpel im Morgenrot wie Tümpel von schmutzigem Blut, Monatsblut, Tümpel voller Molche, nichts als schwarze Köpfe mit zuckenden Schwänzchen wie ein Gewimmel von Spermatozoen, genau so – grauenhaft".

Argument Erst in der Gemeinschaft mit Sabeth tritt ein neues Verhältnis Fabers zur Natur zu Tage.

Beleg Er beschreibt sie nicht mehr wie früher mit technischem Vokabular und Obszönitäten.

Beispiele Vielmehr sieht er sie so, wie er es von Sabeth gelernt hat, ohne Kamera und ohne negativen Beigeschmack: „(…) das Meer, das zusehends dunkler wird, blauer, violett (…) die rote Farbe der Äcker (…)" (S. 152). Nach Sabeths Tod bezeichnet er auf seiner Kuba-Reise nun den Mond als lila, nicht mehr als schleimig (vgl. S. 178). Auch regt ihn hier das Erlebnis von Wasser, Sonne und Wind zu neuen poetischen Ausdrucksweisen an: „(…) die grüne Palme ist biegsam wie eine Gerte, (…) die Gusseisen-Laterne, die zu flöten beginnt (…)" (S. 181). Dass Faber der Wandel erlebnisfähiger gemacht und ihm einen tieferen, weil angstfreien Zugang zur Natur eröffnet hat, beweist sein letzter Flug über die Alpen: „Täler im Schräglicht des späteren Nachmittags, Schattenhänge, Schattenschluchten, die weißen Bäche drin, Weiden im Schräglicht, Heustadel, von der Sonne gerötet (…)" (S. 195).

These / Argument

Am interessantesten ist es jedoch, Fabers Weltsicht zu untersuchen. Ändert er seine Einstellung zum Leben wirklich?

Zu Anfang der Handlung ist Fabers Einstellung zum Leben klar ersichtlich.

Beleg

Für ihn zählt nur der Beruf; mit Gefühlen, Kunst oder Kultur kann er überhaupt nichts anfangen.

Beispiele

„Ich bin nun einmal der Typ, der mit beiden Füßen auf der Erde steht." (S. 47), sagt er im Zusammenhang mit seiner Beziehung zu Hanna. Gefühle und Gefühlsregungen sind für ihn überflüssig, deshalb vergöttert er die Maschinen, denn sie haben „keine Angst und keine Hoffnung, die nur stören (…)" (S. 75). Im Zusammensein mit Frauen müsste Faber Gefühle offen zeigen, was er aber nicht kann. Daher ist dies für ihn „stets der Anfang der Heuchelei" (S. 91). Romantische Stimmung kann er überhaupt nicht leiden (vgl. S. 90).

Beleg / Beispiele

Menschen wie der Künstler Marcel handeln für ihn gänzlich unverständlich, da Faber überhaupt kein Kunst- und Kulturinteresse besitzt. Er kann nicht einsehen, warum Marcel „dafür seine Ferien hergibt, seine Ersparnisse, um Hieroglyphen, die niemand entziffern kann, nach Hause zu bringen" (S. 43). Dasselbe Desinteresse für Kunst zeigt er auf der Italienreise mit Sabeth: „Was mir Mühe machte, war lediglich ihr Kunstbedürfnis, ihre Manie, alles anzuschauen" (S. 107). Als Marcel vom „katastrophalen Scheinsieg des abendländischen Technikers" (S. 50) spricht und den American Way of Life kritisiert, bezeichnet Faber dies als „Künstlerquatsch" (ebd.) und nennt ihn verächtlich einen „Kommunisten" (ebd.). Faber kommt nur in einer technisierten Welt zurecht und glaubt sich dort wohl zu fühlen. Daher ist auch seine Selbstentfremdung in Bezug auf seinen Körper zu erklären. Oft rasiert er sich (vgl. zum Beispiel S. 10) und duscht: „Ich duschte mich von morgens bis abends (…)" (S. 38).

Argument	Nach dem Tod seiner Tochter Sabeth kann man bezüglich seiner generellen Einstellung zum Leben einen offensichtlichen Wandel feststellen.
Beleg	Besonders deutlich wird diese Veränderung auf seiner Kuba-Reise. Faber betrachtet andere Menschen positiv, er ist nun in der Lage, Gefühle und seine neu gewonnene Lebenslust offen zu zeigen.
Beispiele	Er beschließt „anders zu leben" (S. 173) und beginnt seinen früheren hektischen Lebensstil in Frage zu stellen: „Meine Unrast? Wieso eigentlich?" (S. 173). Nun sieht er seinen Beruf in einem neuen Licht. Karriere bezeichnet er als Äußerlichkeit (vgl. S. 145f.). Er will kündigen, nur um mit Hanna zusammen sein zu können (vgl. S. 159). Diesen Entschluss setzt er wenig später in die Tat um (vgl. S. 197), obwohl er Hanna doch in ihrer früheren Beziehung aus beruflichen Gründen verlassen hatte. Mit völlig anderen Augen sieht er auf Kuba auch den American Way of Life als Symbol der neuen, technisierten Welt. Er kann das „Coca-Cola-Volk (…) nicht mehr ausstehen" (S. 175). Faber verabscheut jetzt die Hässlichkeit der Amerikaner, „ihre rosige Bratwurst-Haut, grässlich (…)" (S. 176). Schließlich gibt er sogar Marcel, der in Guatemala Amerika-Kritik geübt hatte, in einem Brief Recht: „(…) ihre falsche Gesundheit, ihre falsche Jugendlichkeit (…) ihre Kosmetik noch an der Leiche, überhaupt ihr pornografisches Verhältnis zum Tod (…)" (S. 177).
Einschränkung	Sein steriles Verhältnis zu seinem Körper kann Faber jedoch nicht ablegen. Er fühlt sich immer noch oft unrasiert (vgl. zum Beispiel S. 171f.) und glaubt keine Kontrolle über seinen Körper zu haben. Dieser Punkt verschärft sich noch, wenn er über den menschlichen Körper allgemein urteilt: „Überhaupt der ganze Mensch! – als Konstruktion möglich, aber das Material ist verfehlt: Fleisch ist kein Material, sondern ein Fluch" (S. 171).
Beurteilung	Zusammenfassend kann man bestätigen, dass Faber einen Wandel durchmacht. Oft legt er aber nur einen Teil seiner Ansichten und Gewohnheiten ab, behält andererseits Grundeigenschaften und

Einstellungen bei. Er sieht die Natur deutlich anders und sucht nach seinem Wandel Kontakt zu Menschen. Er kann Gefühle zeigen, technische Betrachtungsweisen treten teilweise in den Hintergrund. Seine Haltung zum Metaphysischen und zur Religion beginnt er jedoch nur ansatzweise in Frage zu stellen. Fabers absolutes Vertrauen in die Statistik bedingt, dass er sich nur oberflächlich mit seiner Vergangenheit und seiner Schuld auseinander setzt. Der Glaube an Schicksal oder Fügung ist weiterhin kaum erkennbar.

Beantwortung der Themafrage

Man kann also keineswegs von einem vollständigen Wandel Fabers sprechen. Er ist am Ende des Geschehens ein anderer Mensch, auf keinen Fall aber völlig verändert. Außerdem liegt die Vermutung nahe, dass die vorher festgestellten Veränderungen in der Persönlichkeit Fabers mehr mit Todesangst als mit echter Erkenntnis zu tun haben.

Erweiterung der Themafrage

Ein totaler Wandel Fabers wäre also unwahrscheinlich. Solch einen Menschen, der über Jahrzehnte hinweg nur seine eigenen Ansichten gelten ließ und der alles, was diesen widersprach, als Unsinn abqualifizierte, bringen auch so schwer wiegende Ereignisse, wie Faber sie durchleben muss, nicht mehr wirklich dazu, grundlegende Denkmuster zu ändern.

5 Die Texterörterung nach Sekundärliteratur

Die Texterörterung oder Erörterung nach einem Text ist eine Kombination aus Texterschließung und Erörterung. Sie werden dabei mit einem aktuellen Sachtext oder einem literarischen Primär- oder Sekundärtext konfrontiert. Im beigefügten Arbeitsauftrag steht, wie der Text zu analysieren ist und welche Thesen aus dem vorgelegten Text zu erörtern sind. Sie brauchen also Kenntnisse aus beiden Bereichen der Aufsatzlehre.

Welche Teile können zu einer solchen Texterörterung gehören?

✘   Zusammenfassung des Textinhalts / strukturierte Textwiedergabe

✘   Darlegung des Argumentationsaufbaus und der Gedankenführung

✘   Analyse sprachlicher und rhetorischer Mittel

✘   Herausarbeiten der Autorenintention

✘   Kritische Bewertung des vom Autor geäußerten Standpunkts

Nicht immer werden alle fünf Punkte von Ihnen verlangt. Oft kann beispielsweise eine genaue Sprachanalyse wegfallen, wenn der Text wenige sprachliche Auffälligkeiten beinhaltet. Gerade bei Texten aus der Sekundärliteratur wird keine Sprachanalyse verlangt, da hier ausschließlich die Thesen zu einem literarischen Werk interessieren. Umgekehrt ist bei der Untersuchung einer Glosse unbedingt auf sprachliche Mittel zu achten, weil diese Textart eine Fülle von sprachlichen Besonderheiten aufweist.

Im Folgenden führen wir Ihnen ein Thema vor, bei dem der Text eines Literaturwissenschaftlers zu untersuchen ist. Der Schwerpunkt liegt auf der Auseinandersetzung mit den Ideen, die der Germanist zu einem literarischen Werk oder einer Figur entwickelt hat. Danach zeigen wir Ihnen, wie man eine Erörterung nach einem Sachtext angeht.

Da diese Aufsatzart eine Mischform darstellt, müssen wir zunächst die sechs Arbeitsschritte abändern:

1 Erfassung des Themas

2 Arbeit am Text (Erschließungsteil)

   a) Textzusammenfassung
   b) Analyse der Argumentationsstruktur
   c) Autorenintention

3 Auseinandersetzung mit dem Text (Erörterungsteil)

4 Gliederung des Hauptteils

5 Einleitungs- und Schlussgedanken

6 Vertextung des Hauptteils

Kaum ein Autor hat in seinem kurzen Leben so wenig an Literatur verfasst und wird dennoch in der Schule so ausführlich behandelt wie der Darmstädter Mediziner, Revolutionär und Dichter Georg Büchner. Besonders sein Drama *Woyzeck* ist ein fester Bestandteil des Deutschunterrichts in der Sekundarstufe II. Weil dieses Drama Germanisten zu allen Zeiten polarisiert und zu unterschiedlichsten Interpretationen herausgefordert hat, soll hier eine solche Germanistenmeinung durch eine Schülerin der Abiturklasse beispielhaft diskutiert werden.

Die Themenstellung lautet:

> Georg Büchner: „Woyzeck" –
> Untersuchen Sie den vorliegenden Sekundärtext hinsichtlich der Interpretation der Woyzeck-Gestalt!
>
> Setzen Sie sich mit der Deutung des Germanisten Kurt May kritisch auseinander und beziehen Sie dabei auch andere Ihnen bekannte Deutungsansätze mit ein!

1 Erfassung des Themas

Die erste Zeile der Aufgabenstellung weist nur auf das im Unterricht behandelte literarische Werk hin. Die eigentliche Anweisung beginnt mit der zweiten Zeile, in der Ihnen klargemacht wird, dass Sie einen Sekundärtext lesen und bearbeiten sollen, der sich schwerpunktmäßig mit der Hauptfigur des Dramas, Woyzeck selbst, beschäftigt. Die Schlüsselwörter sind also: untersuchen, Sekundärtext und Woyzeck-Gestalt. *Untersuchen* heißt in diesem Fall die Thesen herauszufinden, die der Sekundärtext zur Woyzeck-Gestalt beinhaltet.

Im zweiten Teil der Arbeitsanweisung wird Ihnen der Auftrag erteilt, die herausgefundenen Thesen zu hinterfragen und ihre Glaubwürdigkeit sowohl an der eigenen Textkenntnis von Büchners Drama als auch an weiteren Ihnen bekannten Interpretationen zu überprüfen. Die Schlüsselwörter lauten: Deutung, kritisch und andere Deutungsansätze.

Die Themafrage lautet also:

> **Welche Aspekte von Kurt Mays Interpretation halten
> einer kritischen Beurteilung stand, welche nicht?**

Damit ist der dialektische Aufbau des Erörterungsteils vorgegeben. Vielleicht haben Sie überlegt, ob nicht noch eine weitere Aufgabe zu erledigen ist: die Einbeziehung bekannter Deutungsansätze. Das Stichwort *dabei* zeigt Ihnen aber, dass diese Aufgabe mit der kritischen Würdigung von Mays Thesen zu verbinden ist und hauptsächlich bei der Entscheidungsfindung unterstützend mitwirken soll.

Übrigens: In seltenen Fälle verlangt die Fragestellung nur eine Position, meist die eigene Meinung. Diese muss selbstverständlich ebenso begründet sein wie eine kritische Abwägung gegensätzlicher Standpunkte.

Fassen wir zusammen

Der wichtigste Teil dieses Arbeitsschritts ist das genaue Lesen der Arbeitsanweisung. Hier werden die Aufgabenteile festgelegt und die nachfolgende Gliederung vorgegeben.

Checkliste

☑ Thema genau durchlesen

☑ Schlüsselwörter finden

☑ Themafrage stellen

2 Arbeit am Text / Erschließungsteil

Arbeit am Text ist ganz wörtlich zu verstehen: Sie nehmen den Text zur Hand, legen einen Stift und Lineal oder einen Textmarker bereit und fangen an zu lesen. Dabei bleibt Ihre Angabe nicht blütenweiß, sondern Sie streichen die Ihnen relevant erscheinenden Passagen an. Daraus lassen sich später meist die Thesen des Textes gewinnen. Auch Unverständliches kann bei diesem Arbeitsgang markiert werden. Sind Sie bei der Arbeit zu Hause oder in der Bibliothek, so hilft ein Lexikon weiter.

a) Textzusammenfassung

Haben Sie den Text auf die vorher beschriebene Art und Weise durchgearbeitet, versuchen Sie den Inhalt knapp in eigenen Worten wiederzugeben. Das Aneinanderfügen von Versatzstücken aus dem Text genügt nicht! Sie sollen ja zeigen, dass Sie den Text verstanden haben.

b) Analyse der Argumentationsstruktur

In einem zweiten Arbeitsgang geht es darum, sich über die Thesen des Autors klar zu werden und seine Argumente nachzuvollziehen. Dabei werden Sie immer wieder feststellen, dass viele Autoren überhaupt nicht argumentieren, sondern nur Behauptungen aufstellen. Auch dies ist dann eine Erkenntnis, die in Ihrer Arbeit verwertet werden muss, da es ja um die Offenlegung von Argumentationsstrukturen geht. Wie eine saubere Argumentation aussehen kann, lesen Sie bei Bedarf im *Exkurs I* (Seite 49) nach. Das dort vorgestellte Schema dient nicht nur der Verbesserung Ihrer eigenen Argumentationstechnik, sondern kann auch als Analyse-Werkzeug eingesetzt werden.

c) Autorenintention

Bei der näheren Betrachtung von Texten aus der Sekundärliteratur und Sachtexten wird Ihnen sofort auffallen, dass die meisten Autoren nur ein Ziel verfolgen: Sie wollen Sie von ihrem Standpunkt überzeugen. Wie dies erfolgt und ob es mehr oder weniger erfolgreich geschieht – dies darzustellen ist Ihre Aufgabe.

Hier der Text des Germanisten Kurt May, die Textgrundlage unseres
Beispielthemas:

(…) dieser Franz Woyzeck stellt sich als ein ganz anderer dar: als ein kleiner Mann mit einem starken Herzen; und nur darum ist er in der
Dichtung lebendig geworden und in unserem Herzen lebendig geblieben
und gewinnt bei jeder neuen Begegnung an Größe. Wohl verfällt er dem
5 tragischen Nexus der Fatalität (= etwa: Verwicklungen des Schicksals, des
Verhängnisses), im Zusammenstoß von Innen und Außen, aber er begründet durch sein Schicksal im Ansatz die Möglichkeit zu einer Überwindung
von innen her. Im Woyzeck wird Menschenwert vernichtet, aber so, daß
der Menschenwert heller aufleuchtet im Prozeß der Vernichtung. Woy-
10 zeck hat die Würde eines großen Leidenden. (…)
Gerade seine Armut verherrlicht den Reichtum seines großen und
reinen Gefühls. In der Welt um ihn her herrscht die vollkommene
Lieblosigkeit; ihm ist zubestimmt, die Macht und die Fülle eines liebenden
Herzens in der schlichtesten, der unscheinbarsten Hülle dagegen zu ver-
15 körpern. (…)
Woyzeck mit seinem Leben und Sterben bis hinein in die Augenblicke seiner letzten Verirrung und Verwirrung bezeugt, daß es in dieser verrotte-
ten, lieblos gewordenen Welt noch Menschen gibt, daß es die Kraft der
Liebe noch gibt, die den Menschen zum äußersten bringt, bis zur Vernich-
20 tung des Liebsten und seiner selbst. Damit aber ist der Aspekt des gräß-
lichen Fatalismus als allherrschend in der Geschichte aufgehoben, und
zwar in der tragischen Geschichte eines gequälten, großen Herzens.
Woyzecks Freveltat noch ist eine Tat der Liebe, die fordert – alles oder
nichts.

Aus: Kurt May, Büchners „Woyzeck", in: Wolfgang Martens (Hrsg.): Georg Büchner. Darmstadt
(Wissenschaftliche Buchgesellschaft), 1973.

Ihr Notizzettel mit den Thesen in Stichworten könnte so aussehen:

- *Woyzeck als emotionaler Proletarier, schicksalsverstrickt*
- *Woyzeck: Größe im Leid*
- *Woyzeck als Gegenentwurf zur Lieblosigkeit der Welt*
- *Vernichtende Kraft der Liebe*

→ *Woyzecks Mord an Marie als Liebestat*

Vielleicht ist Ihnen aufgefallen, dass Kurt May schon im ersten Satz seine Meinung als feststehende Tatsache formuliert. Achten Sie auf den Indikativ! Im Anschluss an den Einleitungssatz reiht May vier Behauptungen ohne jeden Textbeleg aneinander, die alle in eine große These münden: Woyzecks Mord an Marie ist eine Liebestat.

Bei diesem Beispiel wäre eine strikte Trennung zwischen Inhalt und Argumentation künstlich. Daher hat sich die Verfasserin unseres Beispiels dafür entschieden, beide Punkte miteinander zu verbinden. Kurt Mays Gedankenführung wird dabei deutlich herausgearbeitet:

Kurt May stellt Woyzeck als „kleine[n] Mann" (Z. 1f.) dar, der aber im Gegensatz zu seiner Umwelt noch zu echten Gefühlen fähig ist. Seiner Meinung nach mache gerade der Widerspruch zwischen materieller Armut und großen, reinen Gefühlen den Wert des Werks aus.
Woyzeck stellt sich für May als ein von großen Gefühlen bestimmter Mensch dar, der durch diese sogar den „Nexus der Fatalität" (Z. 5) von innen her besiegen könnte. Selbst Woyzecks Scheitern dokumentiere noch seinen „Menschenwert" (Z. 9).
In einer Welt der Lieblosigkeit sei es die Liebe zu Marie, die Kraft dieser Liebe, die Woyzecks Antriebsfeder ist und ihn schließlich sogar zum Mord treibt.

Fassen wir zusammen

Bei der Arbeit am Text geht es um das gründliche Erfassen der Gedanken des Autors. Durch Anwendung des Argumentationsschemas können Sie die Gedankenführung innerhalb des Textes erfassen. So gelangen Sie zur Autorintention.

Checkliste

 Text gründlich durchlesen

 Hauptthesen markieren

 Absicht des Autors herausfinden

3 Auseinandersetzung mit dem Text / Erörterungsteil

Nun beginnt der eigentliche Erörterungsteil. Hier müssen Sie sich darüber klar werden, was Sie zu den gefundenen Thesen sagen wollen. Methodisch können Sie genauso verfahren wie bei einer literarischen Erörterung. Statt mit einer freien Themastellung setzen Sie sich jetzt mit der These des Autors auseinander. Dies ist viel einfacher als eine freie Erörterung, da Ihnen der Stoff, über den Sie schreiben sollen, schon vorgegeben ist.
Sie können wie bei allen anderen Erörterungsarten zunächst mit einem Brainstorming beginnen und Ihre Gedanken anschließend ordnen.

4 Gliederung des Hauptteils

Da bei einer Texterörterung ein Analyse- und ein Erörterungsteil gefordert ist, unterscheidet sich die Gliederung von anderen Erörterungsgliederungen. Unser Vorschlag: Bringen Sie unter B I alle Punkte zur Analyse und dann unter B II den Erörterungsteil.

Hier nun der Gliederungsvorschlag für den Hauptteil unseres Beispielthemas:

B Auseinandersetzung mit der Deutung Mays und
eigene Interpretationsansätze

 I. Strukturierte Wiedergabe des vorliegenden Sekundärtextes

  1. Woyzeck als Gefühlsmensch

  2. Woyzecks Scheitern als großes Menschenschicksal

  3. Der Mord an Marie als Liebestat

 II. Kritische Betrachtung von Mays Thesen

  1. Gedanken, die einer Überprüfung am Drama standhalten
   a) Woyzecks Einsamkeit
   b) Lieblosigkeit der Umwelt
   c) Woyzecks Eifersucht
   d) Verweis auf andere Interpretationen

2. Aspekte, die gegen Behauptungen Mays sprechen
   a) Woyzecks Frauenverachtung
   b) Woyzecks Rachegedanken
   c) Sühnemord an Marie
   d) Woyzecks Wahnvorstellungen
   e) Hinzuziehen weiterer Interpretationen

3. Negative Beurteilung der im Sekundärtext gefundenen Gedanken

---
Fassen wir zusammen

Der Abschnitt B I ist linear aufgebaut und orientiert sich meist am Aufbau des vorgegebenen Textes oder an der Aufgabenstellung. Der Teil B II entspricht dem bekannten Schema der dialektischen Erörterungsgliederung (These – Antithese – Synthese).

Checkliste

☑ Blockbildung nach Analyse- und Erörterungsteil vornehmen

☑ Im Erörterungsteil nach Pro und Contra unterscheiden

☑ Synthese finden

5 Einleitungs- und Schlussgedanken

Da Sie mittlerweile wirklich Ahnung haben von Einleitungen und Schlüssen, lesen Sie gleich den Vorschlag einer Schülerin. Sie stellt zunächst in bewährter Weise den Bezug zu Autor und Werk her. Anschließend folgt eine kurze Inhaltsangabe des „Woyzeck". In einem dritten Teil der Einleitung, der geschickt zur Analyse überleitet, indem auf die Rezeptionsgeschichte von Büchners Drama verwiesen wird, stellt die Verfasserin den Autor des Sekundärtextes vor, dessen Interpretation ja Gegenstand der Untersuchung werden soll.

A   Einleitung
       Kurzinformation zum Autor und Darstellung des Drameninhalts

Georg Büchners Drama „Woyzeck", das der Autor 1836 zu schreiben begann und auf Grund einer tödlichen Typhus-Erkrankung nie vollendete, ist nur fragmentarisch und in Handschriften erhalten. Die Einzelszenen schildern das Leben des Stadtsoldaten und Barbiers Franz Woyzeck, der ganz und gar von seinen Vorgesetzten oder höher gestellten Personen abhängig ist, so zum Beispiel vom Doktor, der ihn für seine Experimente missbraucht und von seinem Hauptmann, dessen Willkür und Spott er schutzlos ausgeliefert ist. Seine ganze Liebe gilt seiner Freundin Marie, mit der er ein Kind hat; diese jedoch wendet sich dem attraktiveren Tambourmajor zu. Als Woyzeck von diesem Verhältnis erfährt und dem Tambourmajor schließlich im Kampf unterliegt, ermordet er Marie. Der Schluss des Stückes bleibt offen. Es könnte mit dem Selbstmord Woyzecks oder aber einer Gerichtsverhandlung enden.

Wegen der nur fragmentarischen Form des Dramas ist die Aussageabsicht Büchners nicht eindeutig erkennbar. Aus diesem Grund entstanden Deutungsansätze und Interpretationen, die in die verschiedensten Richtungen weisen, unter anderem auch die Überlegungen von Kurt May.

Die Verfasserin greift in ihrem Schluss den Aspekt des Fragmentarischen wieder auf und knüpft damit an die Einleitung an:

> So trifft wohl jede Interpretation in Teilen zu, was aber wirklich die Aussage des Stückes sein soll, wird wohl für immer Büchners Geheimnis bleiben.

Vorher stellt die Verfasserin fest, dass eigentlich keine Interpretation völlig befriedigend ist und Büchners Intention trifft – was sich verallgemeinern lässt. Sie erweitert also das Thema, indem sie die Problematik von Interpretationen an und für sich anspricht.

> Abschließend lässt sich sagen, dass wohl keine der vielen Interpretationen völlig die Aussageabsicht Büchners treffen kann. Die Auslegung wird zudem noch dadurch erschwert, dass Woyzeck eben kein geradliniger, gut zu durchschauender Charakter ist, sondern ein Mann aus dem einfachen Volk, zerrissen durch die gegensätzlichen Gefühle, die sein Leben beherrschen.
> Dies entspricht auch vollkommen der Intention Büchners, den Menschen naturgetreu – also auch hässlich – auf die Bühne zu bringen.

Der Schluss als Ganzes sieht folgendermaßen aus:

C   Schluss
       Wahrheitsgehalt von Interpretationen im Allgemeinen

> Abschließend lässt sich sagen, dass wohl keine der vielen Interpretationen völlig die Aussageabsicht Büchners treffen kann. Die Auslegung wird zudem noch dadurch erschwert, dass Woyzeck eben kein geradliniger, gut zu durchschauender Charakter ist, sondern ein Mann aus dem einfachen Volk, zerrissen durch die gegensätzlichen Gefühle, die sein Leben beherrschen.
> Dies entspricht auch vollkommen der Intention Büchners, den Menschen naturgetreu – also auch hässlich – auf die Bühne zu bringen.
> So trifft wohl jede Interpretation in Teilen zu, was aber wirklich die Aussage des Stückes sein soll, wird wohl für immer Büchners Geheimnis bleiben.

6 Vertextung des Hauptteils

Im dritten Schritt haben Sie schon gesehen, dass Sie sich bei der Erörterung eines literaturwissenschaftlichen Sekundärtextes an die Vorgaben zur literarischen Erörterung halten können. Das heißt: Sie arbeiten mit konkreten Textbelegen, in unserem Fall sogar aus zwei verschiedenen Texten (Kurt Mays Ausführungen und dem Dramentext von Georg Büchner).

Ob Sie aus dem Primärtext wörtlich zitieren können oder nur sinngemäß, hängt davon ab, ob Sie in der Prüfung den Primärtext verwenden dürfen oder nicht. Auf jeden Fall sollten Sie sich rechtzeitig eine gute Textkenntnis angeeignet haben. Machen Sie keinen Sport daraus, die Lektüre *nicht* gelesen zu haben. Es gilt: Textkenntnis ist nicht uncool – und wildes Blättern während der Prüfung macht keinen guten Eindruck.

Aufsatzbeispiel

Georg Büchner: „Woyzeck" –
Untersuchen Sie den vorliegenden Sekundärtext hinsichtlich der
Interpretation der Woyzeck-Gestalt!

Setzen Sie sich mit der Deutung des Germanisten Kurt May kritisch
auseinander und beziehen Sie dabei auch andere Ihnen bekannte
Deutungsansätze mit ein!

Gliederung

A   Einleitung
     Kurzinformation zum Autor und Darstellung des Drameninhalts

B   Auseinandersetzung mit der Deutung Mays und
     eigene Interpretationsansätze

    I. Strukturierte Wiedergabe des vorliegenden Sekundärtextes

        1. Woyzeck als Gefühlsmensch

        2. Woyzecks Scheitern als großes Menschenschicksal

        3. Der Mord an Marie als Liebestat

    II. Kritische Betrachtung von Mays Thesen

        1. Gedanken, die einer Überprüfung am Drama standhalten
           a) Woyzecks Einsamkeit
           b) Lieblosigkeit der Umwelt
           c) Woyzecks Eifersucht
           d) Verweis auf andere Interpretationen

        2. Aspekte, die gegen Behauptungen Mays sprechen
           a) Woyzecks Frauenverachtung
           b) Woyzecks Rachegedanken
           c) Sühnemord an Marie
           d) Woyzecks Wahnvorstellungen
           e) Hinzuziehen weiterer Interpretationen

        3. Negative Beurteilung der im Sekundärtext gefundenen Gedanken

C   Schluss
     Wahrheitsgehalt von Interpretationen im Allgemeinen

Ausführung

Einstieg: Autor / Werk

Georg Büchners Drama „Woyzeck", das der Autor 1836 zu schreiben begann und auf Grund einer tödlichen Typhus-Erkrankung nie vollendete, ist nur fragmentarisch und in Handschriften erhalten.

Inhalt Primärtext

Die Einzelszenen schildern das Leben des Stadtsoldaten und Barbiers Franz Woyzeck, der ganz und gar von seinen Vorgesetzten oder höher gestellten Personen abhängig ist, so zum Beispiel vom Doktor, der ihn für seine Experimente missbraucht und von seinem Hauptmann, dessen Willkür und Spott er schutzlos ausgeliefert ist. Seine ganze Liebe gilt seiner Freundin Marie, mit der er ein Kind hat; diese jedoch wendet sich dem attraktiveren Tambourmajor zu. Als Woyzeck von diesem Verhältnis erfährt und dem Tambourmajor schließlich im Kampf unterliegt, ermordet er Marie. Der Schluss des Stückes bleibt offen. Es könnte mit dem Selbstmord Woyzecks oder aber einer Gerichtsverhandlung enden.

Themaanbindung Sekundärtext

Wegen der nur fragmentarischen Form des Dramas ist die Aussageabsicht Büchners nicht eindeutig erkennbar. Aus diesem Grund entstanden Deutungsansätze und Interpretationen, die in die verschiedensten Richtungen weisen, unter anderem auch die Überlegungen von Kurt May.

Inhalt Sekundärtext / 1. These

Kurt May stellt Woyzeck als „kleine[n] Mann" (Z. 1f.) dar, der aber im Gegensatz zu seiner Umwelt noch zu echten Gefühlen fähig ist. Seiner Meinung nach mache gerade der Widerspruch zwischen materieller Armut und großen, reinen Gefühlen den Wert des Werks aus.

2. These

Woyzeck stellt sich für May als ein von großen Gefühlen bestimmter Mensch dar, der durch diese sogar den „Nexus der Fatalität" (Z. 5) von innen her besiegen könnte. Selbst Woyzecks Scheitern dokumentiere noch seinen „Menschenwert" (Z. 9).

3. These

In einer Welt der Lieblosigkeit sei es die Liebe zu Marie, die Kraft dieser Liebe, die Woyzecks Antriebsfeder ist und ihn schließlich sogar zum Mord treibt.

Hauptthese = These (Pro)	Für Mays Thesen spricht zunächst einmal die Tatsache, dass Woyzeck einzig Marie als Bezugsperson und quasi als Verbindung zur übrigen Welt hat.
Argument / Beleg	Nur bei ihr kann er so sein, wie er ist, während er sich bei allen anderen Personen, die sein Leben bestimmen, nach deren Willen richten muss. Selbst bei Gleichgestellten stößt er auf Unverständnis. Aus Enttäuschung über diese Situation klammert er sich in umso größerer Liebe an Marie, sodass ihn dieses Gefühl schließlich vollkommen gefangen hält. Nur er ist laut May zu so einem „großen und reinen Gefühl (…)" (Z. 11f.) fähig.
Argument	Auch für die These Mays, dass „Woyzecks Freveltat noch (…) eine Tat der Liebe [ist], die fordert – alles oder nichts" (Z. 23f.) finden sich Belege im Drama.
Beleg	Woyzeck fordert Marie ganz für sich allein – und wenn er sie nicht haben kann, so soll sie auch kein anderer bekommen. Deswegen ermordet er sie schließlich. Auf diese Weise sieht er eine Möglichkeit, Marie – zumindest in der Erinnerung – auf immer zu besitzen und mit niemandem mehr teilen zu müssen.
Argument	Am meisten jedoch trifft der Gedanke Mays zu, dass Woyzeck in einer Welt „vollkommene[r] Lieblosigkeit" (Z. 12f.) als Einziger noch Liebe empfindet, beziehungsweise empfinden kann.
Belege	Weder beim Hauptmann, der gelangweilt vom Leben andere auf den Arm nimmt, noch beim Doktor, der rücksichtslos und zynisch Woyzeck für seine Experimente missbraucht, lassen sich Ansätze von Menschenliebe nachweisen.
Beispiele	Auch der Tambourmajor handelt so, indem er Marie nur zum Angeben benutzt: „(…) ein köstlich Weibsbild! Die hat Schenkel und alles so fest!" (BW, S. 53, Z. 14f.). Er liebt sie aber nicht wirklich. Selbst Maries Motive sind nicht immer von Liebe geprägt; sie ist Woyzeck nicht mehr zugetan, da er ihr nichts anderes als ein armseliges Leben bieten kann. Sie liebt aber auch den Tambourmajor nicht, sondern ist nur durch sein Äußeres beeindruckt: „Über die Brust wie

ein Rind und ein Bart wie ein Löw" (BW, S. 23, Z. 1f.). So bleibt Woyzeck allein mit seiner Liebe, die sich schließlich ins Krankhafte steigert.

Verweis auf weitere Deutung

An diesem Punkt lässt sich eine andere Interpretation des Dramas anfügen. Sie stammt von dem bekannten Germanisten Hans Mayer. In ihr wird als Absicht Büchners die Anklage der gehobenen Gesellschaftsschicht erkannt. Bei Mayer findet sich ebenfalls der Verweis auf die Lieblosigkeit der Welt wieder, allerdings bezogen auf die herrschende Klasse im Gegensatz zum Proletariat.

Überleitung

Wie schon angedeutet, kann man May kaum in allen Punkten folgen.

Hauptthese = Antithese (Contra)

Es sollen also nun Aspekte zur Sprache kommen, die gegen die Auslegung Mays anzuführen sind.

Argument / Belege

Zunächst einmal ist Woyzecks Liebe zu Marie kein reines Gefühl, sondern er verachtet die Frau wegen ihres triebhaften Verhaltens und beschimpft sie als Hure: „Heiß, heißen Hurenatem (…)" (BW, S. 41, Z. 30) – „Warum bläst Gott nicht [die] Sonn aus, dass alles in Unzucht sich übernanderwälzt (…)" (BW, S. 31, Z. 37f.). Im gleichen Atemzug gesteht er wieder seine Liebe und sein Verlangen nach ihr: „(…) und doch möchte ich den Himmel geben sie noch einmal zu küssen" (BW, S. 41, Z. 30ff.). Er ist also hin- und hergerissen zwischen Liebe und Verachtung und handelt demnach nicht nur aus reinen Gefühlen heraus.

Argument

Ein weiteres Argument gegen die Auslegung Mays stellt die Tatsache dar, dass Woyzeck Marie nicht nur aus Liebe umbringt, sondern wahrscheinlich auch als indirekte Rache am Tambourmajor, der ihn im Kampf besiegt und dadurch gedemütigt hatte.

Beleg

Diese Beschämung durch den offensichtlich stärkeren und schöneren Rivalen will er nicht einfach auf sich sitzen lassen. Er rächt sich an ihm, indem er ihm sein Prestigeobjekt, nämlich Marie, für immer wegnimmt.

Argument / Beleg

Weiterhin sieht Woyzeck den Mord auch als Sühne für Maries Sünden an: „Bei wem hast du das Halsband verdient, mit dei Sünden? Du warst schwarz

	davon, schwarz!" (BW, S. 47, Z. 1f.) – „Eine Sünde so dick und so breit. Es stinkt dass man die Engelchen zum Himmel hinaus räuchern könnt" (BW, S. 23, Z. 22ff.).
Erläuterung	An diesen Stellen wird seine maßlose Enttäuschung und Verachtung deutlich. Er ist – zumindest zeitweise – der Meinung, Marie habe den Tod durchaus verdient.
Argument	Am meisten fällt jedoch ins Gewicht, dass Woyzecks Tun und sein Leben weniger von Liebe im landläufigen Sinn als vielmehr von Wahnvorstellungen geprägt sind.
Beleg / Beispiel	So erlebt er die Apokalypse, glaubt sich von den Freimaurern bedroht, leidet also offensichtlich unter Verfolgungswahn: „Es ist hinter mir gegangen bis vor die Stadt" (BW, S. 15, Z. 32).
Beispiel	So stellt sich dem Leser auch der Mord als ein Ausdruck von Woyzecks geistiger Verwirrtheit dar, wenn er wie besessen auf Marie einsticht: „Nimm das und das! Kannst du nicht sterben. So! So! Ha sie zuckt noch, noch nicht noch nicht? Immer noch?" (BW, S. 43, Z. 4 ff.).
Beispiel	Dieser Wahn macht sich auch schon vorher bemerkbar, als er sich nachts allein auf freiem Feld befindet und die Freimaurer ihm angeblich befehlen Marie umzubringen: „Ha was, was sagt ihr? Lauter, lauter, – stich, stich die Zickwolfin tot?" (BW, S. 33, Z. 23f.).
Erläuterung	In diesen Situationen findet sich bei ihm keinesfalls mehr Liebe als Handlungsmotiv, wie May behauptet.
Verweis auf weitere Deutung	Hier könnte man auch noch die soziale Determiniertheit Woyzecks nach einer Deutung von Viëtor anführen. Woyzecks schlechte soziale Situation wird von May überhaupt nicht in Betracht gezogen; sie aber ist es, die sein Handeln bestimmt. Er schafft es eben nicht, sich über seine Lage zu erheben und sie mit Hilfe der Liebe zu besiegen. Bei Viëtors Deutung schafft Woyzeck es sowieso nicht, große Gefühle zu leben, da er sich nicht aus seiner Determiniertheit befreien kann.
Beantwortung der Themafrage	Nach Abwägen aller Argumente kann man sagen, dass Mays Interpretation zwar in einigen Punkten einleuchtet, aber dies nur auf den ersten Blick. Wenn

man Woyzecks Probleme eingehender betrachtet, so stellt man fest, dass Büchner wohl kaum die Lieblosigkeit der Welt anprangern wollte. Damit greift Mays Auslegung einfach zu kurz.

Einleuchtender sind da Gedanken aus der Auslegung von Lukács:

Verweis auf weitere Deutung

Wenn sich ein einfacher Mann wie Woyzeck keine Moral leisten kann, wie soll dann ein „kleiner Mann" das Gefühl echter, großer Liebe haben? Menschen der unteren Gesellschaftsschicht kommen über die Befriedigung elementarer Bedürfnisse nicht hinaus.

Erweiterung des Themas

Abschließend lässt sich sagen, dass wohl keine der vielen Interpretationen völlig die Aussageabsicht Büchners treffen kann. Die Auslegung wird zudem noch dadurch erschwert, dass Woyzeck eben kein geradliniger, gut zu durchschauender Charakter ist, sondern ein Mann aus dem einfachen Volk, zerrissen durch die gegensätzlichen Gefühle, die sein Leben beherrschen.

Dies entspricht auch vollkommen der Intention Büchners, den Menschen naturgetreu – also auch hässlich – auf die Bühne zu bringen.

Anknüpfung an die Einleitung

So trifft wohl jede Interpretation in Teilen zu, was aber wirklich die Aussage des Stückes sein soll, wird wohl für immer Büchners Geheimnis bleiben.

6   Die Texterörterung nach einem Sachtext

Zum Abschluss geht es um eine Erörterung, die einen Sachtext zur Grundlage hat. Der Text kann ein aktueller Bericht aus der Zeitung, eine politische Rede oder auch eine Glosse sein. Da die Textart *Glosse* viele sprachliche Besonderheiten aufweist, ist sie als Grundlage sehr beliebt. Dazu kommt, dass Glossen oft Aktualität eines Themas mit Kritik an Zeitgeist-Erscheinungen verbinden.

Die Textgrundlage einer solchen Erörterung ist eine völlig andere als bei der Texterörterung zu literarischen Themen. Während einerseits die Thesen über ein literarisches Werk im Vordergrund stehen und daher auf zwei Ebenen – der des Primär- und der des Sekundärtextes – gearbeitet wird, gilt es hier den Text an sich zu würdigen, ohne auf eine weitere Textebene Bezug zu nehmen.

Unser allgemeines Schema zur Texterörterung gilt in besonderem Maße:

✗   Zusammenfassung des Textinhalts / strukturierte Textwiedergabe

✗   Darlegung des Argumentationsaufbaus und der Gedankenführung

✗   Analyse sprachlicher und rhetorischer Mittel

✗   Herausarbeiten der Autorenintention

✗   Kritische Bewertung des vom Autor geäußerten Standpunkts

Wir haben als Beispiel eine Glosse gewählt um zu zeigen, wie Aussage und sprachliche Gestaltung ineinander greifen, denn konstituierendes Merkmal einer Glosse ist ja, dass ohne die sprachliche Ausgestaltung die Aussage des Textes beim Leser nicht ankommen würde.

Da Sie in diesem Buch schon zwei Problemerörterungen und einen Erörterungsauftrag zu einem literarischen Thema detailliert nachvollziehen konnten, werden Sie den folgenden Erörterungsteil sicher selbstständig erarbeiten können.
Wir werden unser Augenmerk auf den ersten Teil der Arbeit richten, in dem es darum geht, anhand der Argumentationsstruktur die Thesen zu erfassen. Wenn Sie diesen Schritt nachvollzogen haben, werden Sie problemlos selbst Stellung dazu nehmen können. In einem zweiten Schritt erhalten Sie Hinweise zur Erfassung der sprachlichen und rhetorischen Mittel im folgenden Text.

Beginnen Sie mit der aufmerksamen Lektüre der Glosse:

Wie schmecken 3000 Bits?
Warum das Internet bis auf weiteres kein Geld verdienen wird

Neulich, unter lauter Marketingmanagern, Agenturprofis und Online-Freaks fragten wir mal, ob eigentlich jemand jemanden kennt, der im Internet Geld verdient. Niemand kannte einen. Nun gut, die Umfrage war nicht repräsentativ, und die Befragten waren sich trotz ihrer negativen Antworten einig, daß es nur eine Frage der Zeit sei, bis der „E-Commerce" explodieren werde. Darum sieht man auch allenthalben elektronische Business-Männer mit aufgespannten Schürzen darauf warten, daß es die Sterntaler vom Internet-Himmel regnet. Manche warten schon ziemlich lange.

Wir hätten nichts dagegen, wenn sich alle Hoffnungen erfüllten, können aber nicht übersehen, daß die Fließrichtung der Taler derzeit noch sehr in die umgekehrte Richtung geht. Vorerst wird in die Schürzen investiert. Und leider fürchten wir, daß viele ganz leer bleiben werden. Unsere Milliarden wären es nicht, die sich da aus dem Realen ins Virtuelle verflüchtigten, und darum könnte es uns egal sein. Ist es aber nicht, weil wir uns vorstellen, was man mit den vielen Milliarden alles hätte machen können. Lehrer einstellen zum Beispiel, die Schulklassen verkleinern. Oder wie wäre es mit einem Milliardenprogramm zur Wärmeisolierung älterer Wohngebäude, die gewaltige Mengen an Energie zum Fenster hinaus heizen? Wie viele Arbeitsplätze würde das eigentlich schaffen?

Wir geben zu, das klingt alles reichlich altbacken, nicht sehr innovativ, und vor allem fehlt jeglicher Hype. Andererseits liegt irgendwie auf der Hand, daß wir für die ausgegebenen Milliarden einen Nutzen hätten. Worin bestünde der Nutzen einer Pizza-Bestellung übers Internet?

Gut, wer noch keinen Computer hat, kann gar keine Pizza im Cyberspace ordern, muß sich erst einmal einen kaufen und der ist, entgegen landläufiger Meinung, keineswegs zum Spottpreis zu bekommen, sondern kostet im günstigsten Fall einen runden Tausender. Sehr viel mehr als Pizza bestellen kann man damit aber nicht. Wer mehr, etwa gar sinnvoll damit arbeiten will, muß mindestens dreieinhalbtausend Mark ausgeben; denn gute Computer werden im Lauf der Zeit nicht billiger, sondern nur leistungsfähiger. Außerdem kommt man auf Dauer mit einem Computer allein nicht aus. Es braucht auch einen Drucker, ein Modem und einen Internetanschluß.

Wer sich also, um das Pizzageschäft im Internet anzukurbeln, einen PC leistet, tut einiges für die Steigerung des Bruttosozialprodukts, hauptsächlich aber etwas für Asien und Amerika, denn dort wird die Hard- und Software hergestellt. Bestellt er dann seine erste Pizza übers Netz, darf er sich sehr fortschrittlich vorkommen, wird sich aber, wenn er bei Verstand ist, fragen, ob es übers Telefon nicht schneller und billiger gegangen wäre. Auf die Qualität der Pizza wirkt sich die Modernität des Bestellvorgangs auch nicht positiv aus.

Strenge Logiker scharren natürlich längst aufgeregt mit den Hufen und zeihen uns spätestens jetzt der Absurdität unserer Beweisführung. Als ob man sich einen PC zulegte, um Pizza zu bestellen. Umgekehrt, sagt der Logiker: Der moderne Mensch hat einen PC, weil er ihn zum Arbeiten braucht, und wenn er sowieso einen hat, dann kann er ihn auch zum Einkaufen nutzen.

Aber warum sollte er? Neulich blinkte der Drucker. Hatte keinen Toner mehr. Wie bekommt man neuen? In die Stadt fahren kostet eine Stunde. Telefonisch beim Versender bestellen ist ein bißchen billiger, aber dauert einen Tag. Also doch in die Stadt fahren – aber wäre dies nicht ein Fall fürs Internet? Verbrauchsmaterial wie Papier, Toner, Druckertinte oder Speichermedien sollte man problemlos im Internet bestellen können und sofort geliefert bekommen.

Also online gehen, Browser laden – und da kommt das erste Problem. Wer in die Stadt fährt, weiß, wohin er muß. Wer „ins Internet geht", hat keine Ahnung, wo er hin soll. Wie soll er herausfinden, wo's Toner gibt? In einer x-beliebigen Suchmaschine das Wort „Toner" eingeben? Es mit „otto-versand.de" oder „quelle.de" probieren? Die virtuelle Einkaufsmeile „my world" ansteuern? Alles gemacht, nach circa 20 Minuten einen Versender gefunden, aber nicht bestellt. Wir hätten Kreditkarten-Daten unverschlüsselt durchs Netz schicken sollen. Die können Ganoven bekanntlich abgreifen. Was schwerer wog: Der Händler wollte unsere alte Kartusche nicht entgegennehmen, geschweige denn eine Gutschrift dafür gewähren. Da kann man gleich in die Stadt fahren. Am schwersten wog die Lieferzeit von drei Tagen.

Wenn man nicht einmal Toner online verkaufen kann, was dann? Und an wen? An die Landbevölkerung, natürlich. Die hat keine S-Bahn, um in die City zu fahren, wo es alles gibt. Der Landmann wird vielleicht drei Tage Lieferzeit in Kauf nehmen. Aber braucht er dafür einen PC? Die Kataloge von Quelle oder Otto sind jedem PC überlegen. Wer aus dem Katalog bestellt, braucht keinen Apparat für mehrere tausend Mark, und während der Auswahl der Waren tickt kein Gebührenzähler. Online einkaufen dagegen ist so, als ob man fürs Betreten des Kaufhofs Eintritt zahlen müßte.

Es gibt Leute, die meinen, es ließen sich TV-Geräte, Autos, sogar Immobilien auf dem elektronischen Marktplatz verkaufen. Diese Leute unterschätzen das archaische Bedürfnis des Käufers nach einem Verkäufer, einem Menschen. Je mehr Geld man auszugeben bereit ist, desto gründlicher überlegt man sich den Kauf. Man will eine Person haben, an die man sich wenden kann, wenn man mit dem Kauf nicht zufrieden ist oder ein Problem hat. Der kollektive Internetwahn hat die sonst so kühl kalkulierenden Marketingmanager schon so tief erfaßt, daß sie solche Binsenweisheiten nicht mehr berücksichtigen.

Was ihnen allenfalls noch einleuchtet, ist das Bedürfnis nach sinnlichem Erleben beim Kauf. Also verbraten Hard- und Softwarehersteller viel Geld für die Entwicklung virtueller Einkaufsparadiese. In die soll sich der Konsument mit Datenhandschuh und 3D-Brille begeben, wo ihm ein Kaufhaus vorgespielt wird, das dem realen täuschend ähnlich sieht. Die dafür nötige Bandbreite der Datenleitungen gibt es noch gar nicht, und wenn es sie einmal geben wird: Billig wird der Spaß nicht, weder für den Anbieter, noch für den Konsumenten. Wiederum wird nicht gefragt: Warum soll einer für die Kopie eines Kaufhauserlebnisses bezahlen, wenn er das Original umsonst haben kann?

Es gibt zwei grundverschiedene Arten von Produkten. Die eine Sorte wird sich gut online verkaufen lassen, die andere eher schwer. Gut verkaufen wird sich alles, was nicht aus Atomen, sondern aus Bits besteht: Musik, Videos, Texte, Fotos, Software. Die können sofort nach Bestellung durch die Telefonleitung geschickt oder vom Konsumenten abgerufen werden. Platten- und CD-Läden, Videotheken und der Software-Einzelhandel haben darum tatsächlich keine allzu große Zukunft mehr.

Die Atomverkäufer jedoch werden sich anstrengen müssen. Eine HiFi-Anlage übers Netz zu kaufen, das würden wir vielleicht tun, wenn wir sie wesentlich billiger bekämen. Wenn ein Online-Händler schneller liefern würde als jeder andere, der könnte ebenfalls Chancen haben, mit uns ins Geschäft zu kommen. Überhaupt: Irgend etwas muß man uns schon bieten für unser Online-Engagement. Und ganz toll wäre es, wenn man seinen persönlichen Internet-Agenten hätte, dem man sagt, was man braucht, und der das ganze World Wide Web nach dem attraktivsten Angebot durchforstet. Messianische Hoffnungen sollte man auch an so einen Agenten nicht knüpfen. Aber immerhin: Mit so einem virtuellen Kerl an der Hand würden wir uns die Sache mit dem Online-Kauf noch einmal überlegen.

Christian Nürnberger

Aus: Süddeutsche Zeitung, 14./15. März 1998.

1 Erfassung des Themas

Die Aufgabenstellung lautet:

> **Fassen Sie den Text thesenartig zusammen, zeigen Sie seine Argumentationsstruktur auf und gehen Sie dabei auf die sprachliche Gestaltung ein!**
>
> **Setzen Sie sich kritisch mit den Aussagen des Textes auseinander!**

Der Themensteller ist hier besonders freundlich zu Ihnen, da er eine immanente Gliederung in zwei Aufgabenblöcke vorgibt.
Der erste Auftrag umfasst die Analyse der Glosse nach Inhalt und Form. Die Schlüsselwörter sind: zusammenfassen, thesenartig, Argumentationsstruktur und sprachliche Gestaltung.
Der zweite Auftrag fordert Sie zur Diskussion der gefundenen Thesen auf.
Die Schlüsselwörter hierbei lauten: kritisch und Aussagen.

Daher formulieren wir folgende Themafrage:

> **Welche Thesen beinhaltet der Text, wie argumentiert der Autor, welche sprachlichen Mittel setzt er ein, inwiefern kann man ihm zustimmen, was kann man ihm entgegensetzen?**

2 Arbeit am Text / Erschließungsteil

a)   Textzusammenfassung
Gehen Sie abschnittweise vor, indem Sie die Kernstellen markieren, um daraus anschließend Thesen zu formulieren! Achtung: Nicht jeder Abschnitt enthält eine neue These!

Folgende Thesen könnten auf Ihrem Notizzettel stehen:

1.	*Das Internet bringt kein Geld, sondern verschlingt Milliarden.*
2.	*Das Internet ist in manchen Lebensbereichen nicht sinnvoll einsetzbar und behindert eher, als dass es nützt.*
3.	*Das Internet berücksichtigt nicht die sozialen Bedürfnisse der Menschen beim Einkauf.*
4.	*Reale Erlebniswelten sind virtuellen immer vorzuziehen.*
→ 5.	*Das Internet ist nur in begrenztem Maß für den Verkauf von Waren geeignet.*

b)   Analyse der Argumentationsstruktur

Wie der Verfasser der Glosse argumentiert, soll an einem Beispiel exemplarisch vorgeführt werden. Versuchen Sie zunächst selbst, den folgenden Abschnitt einer der vorher gefundenen Thesen zuzuordnen.

Wir geben zu, das klingt alles reichlich alt-backen, nicht sehr innovativ, und vor allem fehlt jeglicher Hype. Andererseits liegt irgendwie auf der Hand, daß wir für die aus-gegebenen Milliarden einen Nutzen hätten. Worin bestünde der Nutzen einer Pizza-Bestellung übers Internet?

Gut, wer noch keinen Computer hat, kann gar keine Pizza im Cyberspace ordern, muß sich erst einmal einen kaufen und der ist, entgegen landläufiger Meinung, keineswegs zum Spottpreis zu bekommen, sondern kostet im günstigsten Fall einen runden Tausender. Sehr viel mehr als Pizza bestellen kann man damit aber nicht. Wer mehr, etwa gar sinnvoll damit arbeiten will, muß mindes-tens dreieinhalbtausend Mark ausgeben; denn gute Computer werden im Lauf der Zeit nicht billiger, sondern nur leistungsfähi-ger. Außerdem kommt man auf Dauer mit einem Computer allein nicht aus. Es braucht auch einen Drucker, ein Modem und einen Internetanschluß.

Wer sich also, um das Pizzageschäft im Internet anzukurbeln, einen PC leistet, tut einiges für die Steigerung des Bruttosozial-produkts, hauptsächlich aber etwas für Asien und Amerika, denn dort wird die Hard- und Software hergestellt. Bestellt er dann seine erste Pizza übers Netz, darf er sich sehr fort-schrittlich vorkommen, wird sich aber, wenn er bei Verstand ist, fragen, ob es übers Telefon nicht schneller und billiger gegangen wäre. Auf die Qualität der Pizza wirkt sich die Modernität des Bestellvorgangs auch nicht positiv aus.

Strenge Logiker scharren natürlich längst aufgeregt mit den Hufen und zeihen uns spätestens jetzt der Absurdität unserer Be-weisführung. Als ob man sich einen PC zulegte, um Pizza zu bestellen. Umgekehrt, sagt der Logiker: Der moderne Mensch hat einen PC, weil er ihn zum Arbeiten braucht, und wenn er sowieso einen hat, dann kann er ihn auch zum Einkaufen nutzen.

Richtig! Der Abschnitt bezieht sich auf die zweite These. Das war leicht. Aber wie argumentiert der Autor? Wie stützt er seine These, dass das Internet in manchen Bereichen eher behindert als nützt?

✗   Der Autor geht vom konkreten Beispiel einer Pizzabestellung via Internet aus und fragt nach deren Nutzen.

✗   Zuerst nennt er die Voraussetzungen einer solchen Bestellung: Computerkauf und Internet-Anschluss.

✗   Danach zeigt er die Nebeneffekte einer solchen Anschaffung auf: Steigerung des Bruttosozialprodukts sowie Ankurbelung der Wirtschaft in Asien und Amerika.

✗   Im Abschnitt danach beschreibt er die Absurdität der geglückten Aktion auf: schnellere und billigere Bestellung übers Telefon – Qualität der Ware unabhängig vom Bestellungsmodus.

Nun fragen Sie sich sicher, welche Art von Argumentation das sein soll?
Sie kennen das klassische Schema *These – Argument – Beleg – Beispiel*. Bei genauerer Betrachtung lässt es sich sogar auf unser Beispiel anwenden:

These	Das Internet ist in manchen Lebensbereichen nicht sinnvoll einsetzbar und behindert eher, als dass es nützt,
Argument	weil Bestellungen über das Internet schwierig sind,
Beleg	denn zunächst müssen die technischen Voraussetzungen geschaffen werden.
Beispiel	So braucht man für einen Pizzakauf via Internet einen Computer mit Internet-Anschluss.

Was ist der Unterschied zwischen der Zergliederung der These und dem Text des Autors? Unsere Formulierungen entsprechen zwar genau dem Schema einer Argumentation, sind aber strohtrocken. Der Abschnitt aus der Glosse lebt davon, dass der Autor aus dem Schema ausbricht, indem er Seitenwege einschlägt, ständig abschweift und das Ganze an einem absurden Beispiel aufzieht (Pizzabestellung im Internet), um dann letztendlich doch wieder zu einem logischen Schluss zu kommen, zur These. Damit wird auch noch das Schema umgedreht und das induktive Verfahren gewählt.

Aber keine Angst! Es geht jetzt nicht darum, jede These auf diese Art zu sezieren, sondern Ihre Erkenntnisse an einem weiteren Beispiel zu verifizieren. Sie sollen dadurch zu einer allgemeinen Aussage über die Argumentationsstrategie des Autors kommen. Ganz wesentlich ist dabei, dass Sie sich immer wieder auf die Textart *Glosse* beziehen und vom humoristischen Charakter der Darstellungsweise sprechen. Denn wie in einer Glosse lässt sich natürlich in keinem wissenschaftlichen Text argumentieren. Dies zu erkennen ist der wesentliche Gesichtspunkt Ihres Analyseteils.

c)   Sprachliche und rhetorische Mittel

Sie dürfen nun nicht annehmen, dass Sie unter diesem Punkt einen auswendig gelernten Kanon von Satz- und Wortfiguren abhaken sollen. Das wäre eine völlig unsinnige Vorgehensweise, denn sprachliche und rhetorische Mittel sind nicht Selbstzweck, sondern unterstützen die Aussage des Textes sowie die Intention des Autors.

Das Auffinden von drei Alliterationen und einer rhetorischen Frage erfüllt nicht die Anforderungen einer Sprachanalyse. Es geht vielmehr um übergreifende Erkenntnisse bezüglich der charakteristischen Gestaltung des jeweiligen Textes.

✗   *Sprachliche Mittel* sind alle sprachlichen Auffälligkeiten, die über die durchschnittliche Verwendung in einem Prosatext hinausgehen.

✗   *Rhetorische Mittel* sind sprachliche Strategien zur Verfolgung eines Ziels.

In unserem Fall lässt sich der Text durch folgende sprachliche und rhetorische Besonderheiten charakterisieren:

Ironie	Wir geben zu, das klingt alles reichlich altbacken, nicht sehr innovativ, und vor allem fehlt jeglicher Hype.
Vergleich	Online einkaufen dagegen ist so, als ob man fürs Betreten des Kaufhofs Eintritt zahlen müßte.
Bildhafte Darstellung	Strenge Logiker scharren natürlich längst aufgeregt mit den Hufen.
Rhetorische Frage	Warum soll einer für die Kopie eines Kaufhauserlebnisses bezahlen, wenn er das Original umsonst haben kann?

Übertragung eines Bildes aus einem anderen Bereich	Darum sieht man auch allenthalben elektronische Business-Männer mit aufgespannten Schürzen darauf warten, daß es die Sterntaler vom Internet-Himmel regnet. Manche warten schon ziemlich lange. Wir hätten nichts dagegen, wenn sich alle Hoffnungen erfüllten, können aber nicht übersehen, daß die Fließrichtung der Taler derzeit noch sehr in die umgekehrte Richtung geht. Vorerst wird in die Schürzen investiert.
Elliptische Sätze	Also online gehen, Browser laden (…). Alles gemacht, nach circa 20 Minuten einen Versender gefunden, aber nicht bestellt.
Rhetorische Strategie der Herstellung eines Wir-Gefühls	Mit so einem virtuellen Kerl an der Hand würden wir uns die Sache mit dem Online-Kauf noch einmal überlegen.
Rhetorische Strategie der Schwächung der gegnerischen Position	Der kollektive Internetwahn hat die sonst so kühl kalkulierenden Marketingmanager schon so tief erfaßt, daß sie solche Binsenweisheiten nicht mehr berücksichtigen.

Abschließend lässt sich feststellen, dass die Fülle sprachlicher Auffälligkeiten durch die Textart bedingt ist. Diese Glosse will die zur Zeit grassierende Internet-Begeisterung auf witzige Art kritisieren und durch übersteigerte Darstellung lächerlich machen. Da der Text durch seine überzogene Argumentation anregend wirkt, wird Ihnen eine Auseinandersetzung mit der Position des Autors sicher nicht schwer fallen. Viel Spaß bei dieser Erörterung!

C Auf einen Blick

1 Was ist bei einer Erörterung zu beachten?

1 Schreiben Sie so, als wollten Sie dem Leser eine objektive Beurteilung ermöglichen und ihm eine Entscheidungshilfe an die Hand geben.

2 Denken Sie daran, dass der Leser Ihren Behauptungen folgen soll. Das gelingt am besten durch nachvollziehbare Begründungen.
In der literarischen Erörterung sowie in der Texterörterung unterstützen Sie Ihre Begründungen durch Zitate.

3 Achten Sie darauf, dass der Bezug zum Thema immer erkennbar bleibt.

4 Klären Sie sorgfältig den Aufgabentyp, bevor Sie nach Themabegriff(en) und Themafrage(n) suchen.

5 Ordnen Sie Ihre Gedanken nach Ober- und Unterbegriffen. Kontrollieren Sie auch hier immer den Themabezug.

6 Beachten Sie, dass die Anordnung Ihrer Argumente in der Gliederung dem Prinzip der Steigerung gehorchen soll. Formulieren Sie so ausführlich, dass der Leser die Gliederungspunkte versteht. Bleiben Sie konsequent bei *einem* Gliederungsstil (ganze Sätze *oder* Stichpunkte).

7 Eine dialektische Gliederung muss These, Antithese und Synthese enthalten. Die Gliederung einer Texterörterung umfasst einen Erschließungs- und einen Erörterungsteil.

8 Achten Sie darauf, dass Ihre Ausführung auch wirklich über die Gliederung hinausführt. Es sollte nicht so sein, dass Sie – als Ausführung – die Gliederung nur mit wenigen Worten auffüllen.

9 Formulieren Sie so, dass Ihre Sprache sachlich, objektiv, klar und deutlich ist. Sie soll anschaulich in den Beispielen sein, aber nicht erzählend, nicht schildernd. Der argumentative Charakter der Textart muss immer gewahrt bleiben.

10 Vermeiden Sie phrasenhafte Formulierungen, Übertreibungen, vorschnelle Urteile, pauschale Andeutungen und unklare Bezüge.

11 Denken Sie an den Rahmencharakter von Einleitung und Schluss. In der Einleitung muss der Leser angelockt werden, der Schluss rundet Ihre Überlegungen ab.

2   Mit diesen Themen können Sie üben

Zum Schluss noch einige Themen, mit denen Sie die verschiedenen Erörterungsarten und -formen trainieren können.

Fertigen Sie mit Hilfe der in diesem Buch beschriebenen Arbeitsschritte zu den nachfolgenden Themen eine ausgeführte Erörterung mit passender Gliederung an. Achten Sie dabei auch auf Absätze und Überleitungen!

➡ Problemerörterung

✘   „In" und „out" – Fernsehsendungen und Zeitschriftenartikel, die sich mit diesem Thema befassen, erfreuen sich großer Beliebtheit.

Wie kommt es, dass Menschen „dabei sein" wollen? Welche Gefahren und Probleme ergeben sich aus diesem Phänomen?

✘   „Der Mensch ist dazu verurteilt frei zu sein."

Diskutieren Sie dieses Zitat Jean-Paul Sartres!

➡ Literarische Erörterung

✘   „Die Räuber" – Freiheitsdrama des Sturm und Drang oder Familientragödie?

Diskutieren Sie diese völlig verschiedenen Interpretationsansätze! (Textgrundlage: Friedrich Schiller, „Die Räuber")

✘   Sabeth als „Seelenführerin".

Untersuchen Sie, wie sich die Beziehung zwischen Faber und Sabeth entwickelt und erläutern Sie, welche Bedeutung Sabeth für Fabers Wandlung hat! (Textgrundlage: Max Frisch, „Homo Faber")